（清）钱彩 ◎ 著

李宝新 ◎ 改编

岳飞的故事

长江出版传媒 | 长江文艺出版社

图书在版编目（CIP）数据

岳飞的故事 /（清）钱彩著；李宝新改编. -- 武汉：
长江文艺出版社，2024.8
　（百读不厌的经典故事）
ISBN 978-7-5702-3578-0

Ⅰ. ①岳… Ⅱ. ①钱… ②李… Ⅲ. ①岳飞（1103-
1142）－生平事迹－青少年读物 Ⅳ. ①K825.6-49

中国国家版本馆 CIP 数据核字(2024)第 104143 号

岳飞的故事

YUEFEI DE GUSHI

责任编辑：刘秋婷　　　　　　　　　责任校对：毛季慧
封面设计：一壹图书　　　　　　　　责任印制：邱　莉　胡丽平

出版：长江出版传媒　｜　长江文艺出版社
地址：武汉市雄楚大街 268 号　　　　邮编：430070
发行：长江文艺出版社
http://www.cjlap.com
印刷：武汉市首壹印务有限公司

开本：720 毫米×1000 毫米　　　1/16　　印张：10.25
版次：2024 年 8 月第 1 版　　　2024 年 8 月第 1 次印刷
字数：132 千字

定价：25.00 元

人物关系图谱

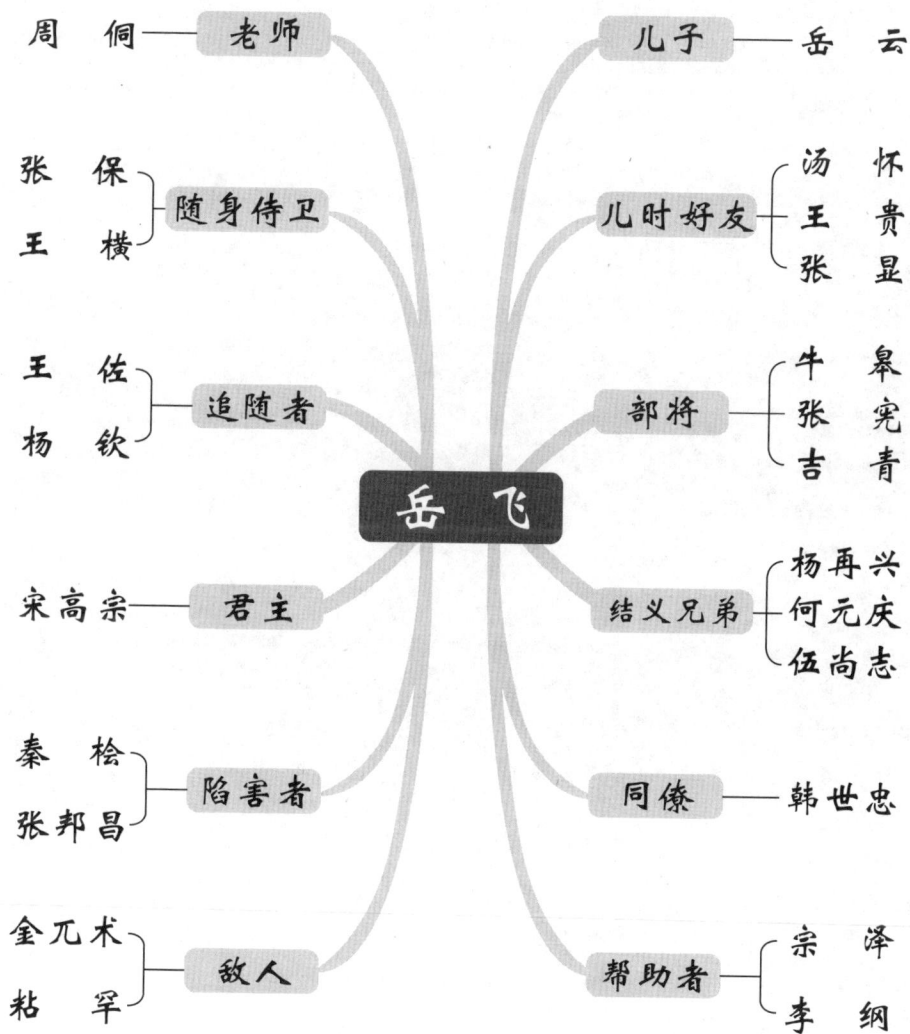

周　侗 —— 老师

张　保 ⎱
王　横 ⎰ —— 随身侍卫

王　佐 ⎱
杨　钦 ⎰ —— 追随者

宋高宗 —— 君主

秦　桧 ⎱
张邦昌 ⎰ —— 陷害者

金兀术 ⎱
粘　罕 ⎰ —— 敌人

儿子 —— 岳　云

儿时好友 ⎰ 汤怀
　　　　 ⎱ 王贵
　　　　 ⎰ 张显

部将 ⎰ 牛皋
　　 ⎱ 张宪
　　 ⎰ 吉青

结义兄弟 ⎰ 杨再兴
　　　　 ⎱ 何元庆
　　　　 ⎰ 伍尚志

同僚 —— 韩世忠

帮助者 ⎰ 宗泽
　　　 ⎱ 李纲

岳飞

主要人物介绍

岳　飞：字鹏举，是我国历史上著名的军事家、战略家。他年少时参军，作战勇敢，为人也十分忠义。在抗击金军的斗争中，他为宋朝立下了赫赫战功。1142年1月，岳飞被秦桧以"莫须有"的罪名害死。

岳　云：字应祥，岳飞长子，十二岁从军，被岳飞编入岳家军，是一位杰出的少年将军。后来和岳飞一起被秦桧害死，年仅23岁。

周　侗：北宋末年的武术大师，以擅长箭术而闻名，被人们称为"陕西大侠铁臂膀周侗"。他曾教岳飞武术，对岳飞的影响很大。

王　贵：岳飞小时候的好友，两人交情匪浅。王贵在岳飞麾下时，能征善战，经常领命到各处救援。岳飞死后，他称病离开了军队。

张　宪：岳飞最为倚重的将领之一，南宋抗金名将。他骁勇善战，跟随岳飞屡立战功，后因秦桧陷害，与岳飞一起被杀。

牛　皋：南宋抗金名将，性格比较鲁莽，被岳飞称为福将。岳飞被害后，牛皋因为始终反对宋金议和，也被秦桧害死。

杨再兴：杨家军后代，曾与岳飞比试武艺，输给岳飞后归降岳家军，后跟随岳飞抗击金军。他曾试图单枪匹马冲阵擒获金兀术，失败后仍能单骑而还。

宋高宗：赵构，南宋皇帝。徽宗之子，钦宗之弟。1127—1162年在位。初封康王。徽、钦二帝被俘后即位。他建都临安，史称南宋。他曾任用岳飞、韩世忠等名将抗金，但终以求和为主，后向金称臣纳贡。

秦　桧：南宋宰相，是历史上著名的大奸臣。他本随同徽、钦二帝被掳到金国，后于建炎四年返回南宋。他受金兀术指使，杀害岳飞等人，并主张宋金议和。

张邦昌：北宋末年宰相，他在靖康元年金军围攻汴京（今河南开封）时，主张割地赔款以议和，后被赐死。

金兀术：即完颜宗弼，金太祖完颜阿骨打第四子，也是一名卓越的军事统领。他曾多次攻打南宋，与岳飞屡屡交手不得胜。后来利用奸臣秦桧害死了岳飞。

粘　罕：即完颜宗翰，金太祖完颜阿骨打的侄子。他曾领兵攻陷北宋的太原和东京（今河南开封市），后屡攻南宋，与岳飞多次交锋。

宗　泽：字汝霖，宋朝军事名将。他为人刚直豪爽，沉毅知兵。在任东京留守期间，曾多次上书高宗赵构，力主还都东京，并制定了收复中原的方略，但均未被采纳。他因壮志难酬，忧愤成疾。

李　纲：字伯纪，北宋末、南宋初抗金名臣。他多次进谏宋高宗，陈抗金大计，均未被采纳，后抑郁而死。他善写诗词，著有《靖康传信录》《梁溪集》等。

韩世忠：字良臣，南宋名将。他英勇善战，胸怀韬略，在抗击西夏和金的战争中为宋朝立下汗马功劳，而且在平定各地的叛乱中也作出重大的贡献。

目　录

第 一 回　抗金英雄降生　　　　　　　　　1

第 二 回　小英雄初长成　　　　　　　　　5

第 三 回　教场之中显身手　　　　　　　　10

第 四 回　乱草冈上遇牛皋　　　　　　　　14

第 五 回　岳飞成婚归故土　　　　　　　　18

第 六 回　元帅府岳飞显将才　　　　　　　22

第 七 回　小教场牛皋抢"状元"　　　　　26

第 八 回　夺状元枪挑小梁王　　　　　　　29

第 九 回　牟驼冈岳飞破敌阵　　　　　　　33

第 十 回　回乡路上遇良朋　　　　　　　　36

第十一回　守正义兄弟断义　　　　　　　　39

第十二回　刺精忠岳母训子　　　　　　　　41

第十三回　接圣旨入朝金陵　　　　　　　　44

第十四回　青龙山大破金兵　　　　　　　　46

第十五回　马前张保，马后王横　　　　　　50

第十六回　牛皋造反救岳飞　　　　　　　　53

第十七回　爱华山伏击金兀术　　　　　　　56

1

第 十 八 回　岳飞单身探贼营　　　　　　　　61

第 十 九 回　袭洞庭杨虎归降　　　　　　　　64

第 二 十 回　苦肉计智取康郎山　　　　　　　67

第二十一回　岳家军端营救吉青　　　　　　　72

第二十二回　栖梧山收降何元庆　　　　　　　75

第二十三回　金兀术五路进兵　　　　　　　　79

第二十四回　金兀术败走黄天荡　　　　　　　84

第二十五回　召良帅贤后赐旗　　　　　　　　87

第二十六回　杨景梦授杀手锏　　　　　　　　91

第二十七回　杀机四伏的金兰宴　　　　　　　95

第二十八回　全大义杨钦献图　　　　　　　　98

第二十九回　施计谋假王横丧生　　　　　　　101

第 三 十 回　韩元帅大破蛇盘山　　　　　　　104

第三十一回　牛皋负气砸酒坛　　　　　　　　107

第三十二回　探君山岳飞遭劫难　　　　　　　111

第三十三回　战杨幺大破五方阵　　　　　　　116

第三十四回　六路先锋震贼胆　　　　　　　　121

第三十五回　王佐断臂假降金　　　　　　　　125

第三十六回　大破连环阵，巧避"铁浮陀"　　130

第三十七回　八锤大闹金龙阵　　　　　　　　134

第三十八回　奸臣弄权惹祸端　　　　　　　　138

第三十九回　十二道金牌召回岳飞　　　　　　141

第 四 十 回　落入贼手遭酷刑　　　　　　　　145

第四十一回　英雄魂归风波亭　　　　　　　　149

岳飞诗词合集　　　　　　　　　　　　　　　153

第一回　抗金英雄降生

　　岳飞是我国历史上著名的军事家、战略家、抗金英雄，他生活在南宋，是南宋中兴四将之一。下面我们就来认识一下这位抗金英雄。

　　岳飞出生在 1103 年，也就是北宋崇宁二年，父亲姓岳名和，母亲姚氏。相传，岳飞出生这天，门外来了一位道士，此人鹤发童颜，骨骼清奇。岳和连忙迎到厅上，分宾主落座。道士说："贫道云游至此，听闻员外喜得一子，但不知员外可肯把令郎抱出来让贫道看看？"岳和思虑一下说："我与夫人商量一下。"说完，他就向内堂走去。不多时，岳飞被抱了出来。哦哦，不对，此时的岳飞还没有名字。道士看了，连连称赞："好个令郎，可曾取名字否？"岳和说："小儿初生，尚未取名。"道士又说："贫道斗胆，为令郎取个名字如何？"岳和说："我与夫人老来得子，十分欣喜，老师父肯赐名，真是太好了！"道士笑着说："我看令郎命格不凡，长大后必定前程万里，远走高飞，就取一'飞'字为名，字'鹏举'，怎么样？"岳和听闻，心中大喜，连连称谢。

　　到了第三日，家里张灯结彩，亲朋好友都来恭贺。岳和设宴招待众人，席间有人提议看看小岳飞。岳和满口答应，他让仆人撑了一把伞，把小岳飞抱在伞下带了出来。众人见他生得顶高额阔，鼻直口方，都称赞小家伙一表人才。一个冒失的小伙子挤到前面轻轻捏了捏小岳飞的胳膊，这下倒好，小家伙哭了起来。岳和以为儿子是饿了，就让仆人把他抱进了内堂。不一会儿，仆人出来说："小少爷不吃母乳，就是一个劲儿地哭。"众人都埋怨那个毛毛躁躁的小伙子，好好的喜宴被他搅坏了。

岳和见儿子哭闹不止，一时也没了主意，夫人也在埋怨他。这时他突然想起道士临走时说过的话，"令郎三日内如有不安，就让夫人抱着坐到院内的花缸里，可保平安"。夫人姚氏听了，抱着试一试的态度说："既然老师父这么说了，那就试试无妨。"娘儿俩刚坐到缸内，只听得天崩地裂一声响，滔滔洪水漫了过来，把整个岳家庄变成了一片汪洋大海，全村老幼尽数随水漂流。这时，岳和扶着缸口，夫人在缸内大哭道："这可怎么办呀？""夫人莫慌，此乃天意，劫数难逃，"岳和说，"现在就靠你了，保存我岳家一点血脉，我虽葬身鱼腹，也瞑目了！"说完，岳和把手一松，被一个波浪卷走了。① 夫人姚氏抱着小岳飞坐在缸中，随着水势漂到了河北大名府内黄县。

内黄县城外三十里有一村落，叫麒麟村。村里有一王姓员外，夫人何氏。这日清晨起来，王员外叫来仆人王安，说道："你今日进城请一算命先生来。我昨夜做一奇怪的梦，请他来帮我圆梦。"仆人说："若是算命，小的不会，这圆梦嘛，我还是很在行的。"仆人说话的神情有些得意。王员外哼了一声："我昨夜三更梦见半空中起火，火光冲天，一下就把我惊醒了，此梦不知是何征兆。"仆人说："恭喜员外，起火必遇贵人呀！"员外听了大怒："你这奴才，只会溜须拍马，明明是怕走路，还拿这些来哄骗我！"仆人道："小的怎么敢，那日我随员外去县城办事，在书坊门前经过，一时兴起，买了一本《解梦全书》。员外不信，我这就将书取来。"王员外说："拿来看看。"仆人答应一声，回房间拿书去了。

---

① 《宋史》记载，岳飞的父亲岳和教育岳飞"汝为时用，其殉国死义乎！"时，岳飞虚岁十九。可见，岳和并非在岳飞幼时去世。此处根据《说岳全传》改编，有一定演绎色彩。

他找到关于着火的这一行，让员外自己看看。员外看了心中暗想："此穷乡僻壤，有何贵人相遇？"正在疑惑时，门外一阵吵吵嚷嚷。"王安，你去看看，院外有何事发生。"王安匆匆走出，不一会儿工夫就回来了，对王员外说："不知是什么地方发了洪水，冲来好多物件，村里人都去河边争抢了。"

员外听了，也同王安一起出去观看。一行人来到河边，看见人们都在争抢水上漂来的物件。说来也巧，小岳飞和母亲乘坐的大缸从远处漂来，缸的上空还围着一群飞鸟，好似给缸搭了个凉棚。人们只注意到了飞鸟，十分惊奇。不多时，大缸靠到了岸边，而人们也顾不上救人，自顾自地拿东西。仆人王安上去驱散飞鸟，发现缸内坐着一位妇人，妇人怀中抱着一个婴儿。他叫道："员外，快来，这不是贵人吗？"员外上前一看说道："一个半老妇人，怎能是贵人呢？"王安说："她怀中抱着婴儿，不知漂了多久，还能安然无恙。古人云'大难不死，必有后福'，况且还有这些飞鸟保护，这孩子将来必定做官。难道不是贵人吗？""不管什么贵人不贵人的了，赶紧救人吧！"王员外对他说。王安喊了几声，没有一点回应。却不知岳夫人三天前才诞下婴儿，身体虚弱，又在水面上兜兜转转，早已头晕眼花。王安走上前去，大声喊道："夫人哪里人氏，怎么坐在缸内？"岳夫人听得耳边有人叫唤，方才抬起头来，哭诉道："难不成这里是地府？"王安笑着说："夫人真是转晕了，好好的怎么说是到了地府呢！"

王员外说："王安，你去弄碗米汤来。"接着他又对岳夫人说："夫人，我这里是河北大名府内黄县麒麟村。不知夫人家住何处？"夫人听了，不觉悲从心来，说道："我乃相州汤阴县永和乡岳家庄人氏，突遭洪水泛滥，家夫被水冲走，生死不明，我们母子命不该绝，坐在缸内漂流至此。"这时王安也回来了，岳夫人喝下米汤，放声大哭起来。王安说道："员外行行好，救下母子二人，让岳夫人做些活计也是可以的。"王员外点头称好，对岳夫人说："老汉姓王名明，就住在此地。夫人暂且在舍下住下，我差人前去打听夫人家中情形。不知夫人意下如何？"岳夫人说："多谢恩人肯收留我们母子二人！"王员外命王安把岳夫人扶出缸来，又对邻里说："这个缸你们不要抢了去。"众人都笑王员外是书呆子，放着东西不拿，反而收留两个吃饭的回去。

岳家庄的水势退了下去，但岳家人口却并无下落，岳夫人不免伤心难过。至此，岳飞母子二人在麒麟村住了下来，小岳飞也慢慢长大。

第二回　小英雄初长成

　　时光荏苒，岁月如梭，这一年岳飞七岁，王员外的儿子王贵也已六岁。王员外请了先生教他俩读书，一起学习的还有汤怀和张显，他二人的父亲是王员外的好友汤文仲和张达。岳飞读书颇为认真，其余三人顽皮贪玩，不肯读书，整日舞枪弄棒，不服先生管教。先生奈何不得，只好请辞。一连请了几个先生，都没能降得住他们。王员外无奈，对岳夫人说："令郎业已长成，在此多有不便，门外有几间空房，家具什物一应俱全，夫人要不到那边居住，开销日用我差人送来，不知夫人意下如何？"岳夫人说："多蒙员外收留我母子，大恩难报。我母子在外居住倒也相安。"于是选了个好日子，母子二人搬出另住。

　　一日，岳飞出门打柴，看见七八个孩童在荒草地玩耍。其中有个认识岳飞，他说："岳家兄弟，你来此干什么？"岳飞说："我母亲让我出来捡些柴草。"其中一个孩童说："你晚些时候再去，我们玩一会儿叠罗汉怎么样？"岳飞说："我奉母命出来打柴，没时间与你们玩耍。""动不动就什么'母命'，你真没意思，若不与我们玩耍就打你这狗头。"这几个小家伙还生气了。岳飞说："你们休要取笑，我是不怕你们的。"其中一个叫王二的说："谁与你取笑，你不怕，难道我们怕你不成？"说完走到岳飞跟前就出拳了。剩下的孩童也上来帮他一起打岳飞。岳飞一个闪身躲过了第一拳，双手一拉，又推倒了三四个。众人见岳飞不好对付，说："你走你走，我们不与你玩了。"还有几个跑到岳飞家，向他的母亲哭诉，说岳飞打了他们。

岳飞打退众人，往后山去捡了些枯枝，装满一筐，此时天色已晚，他背起箩筐朝家走。岳飞回到家吃过饭，免不了被母亲训斥一番。"让你去弄些柴草，你却与别的孩童厮打，惹得人家上门。今后你不要出去捡柴了，家里有几本从员外那得来的书，明日我教你读书。"岳飞道："谨遵母命。"岳飞天资聪慧，母亲一教便记住了。又过几日，母亲对岳飞说："母亲这里积攒了些银两，你去买些纸笔来，学学书法。"岳飞眼睛一转，说道："母亲，用不着买，我有办法了。"说完，岳飞拿起簸箕跑出门外。不一会儿，他端着一簸箕沙子回来了，手里还拿着几根柳条。他对母亲说："这就是我的纸和笔。"母亲被他说得一头雾水。岳飞把沙子倒在桌子上，用手把沙子抹平，又把一根柳条折短拿在手里，在沙子上画了几下。"母亲，这样也是可以用的。"他笑着对母亲说。从此，岳飞在母亲的教导下，朝夕在家读书写字。

王贵、汤怀、张显三人没有先生愿意教，整日闯祸，顽皮不堪。这日，一个仆人对王贵说："员外请了个狠先生来，看你还敢。"王贵听了，急忙去找汤怀和张显商议对付先生的办法，他们准备了铁尺和短棍，要给先生来个下马威。次日，众员外送儿子去学堂，都来拜见了先生周侗。先生送走了三个员外，转身回到学堂。他要考考三个小家伙，看他们学了多少东西。他让王贵先读，王贵却说："我是来学习的，怎么先生不教，哪有我自己读的道理？"说完，王贵拿出袖中的短棍朝先生扔了过去。周侗眼疾手快，把身体一转，躲开了。他正想收拾一下这三个泼皮，这回可有机会了。他一手将王贵夹背一拎，放到凳子上，一手取过戒尺，在王贵的屁股上重重地打了几下。王贵从小到大哪挨过这样的打，一下子就变得服服帖帖的了，汤怀和张显也不敢放肆了。从此以后，皆听先生教诲，用心读书。

岳飞听说他们三人请了先生，很是羡慕，每每踩着凳子，趴在墙头上听周侗老先生讲书。一日，周侗对三个学生说："我出三个题目，你们用心做，待我回来批阅。"岳飞想："先生要出去，我何不到馆中看看。"先生一走，岳飞就走了进来。王贵见到岳飞，就对另外二人说："我父亲常说岳飞聪明，今天先生出的题目让他代做，怎么样？"张、汤二人齐声说："那当然好了！"岳飞说："我恐怕做不好，不中先生之意，害得你们挨罚。"王贵说："你就不要谦虚了。"说完，他们三人就要出去玩耍，还怕岳飞反悔，竟然把书房的门在外边反锁了。岳飞依照他们三人的口吻做了那三个题目。他走到先生讲桌旁，将周侗的文章认真地看了一遍，感叹道："我岳飞若得此人为师，何愁他日不得功名。"他提笔蘸墨，在草纸上题诗一首：

> 投笔由来羡虎头，须教谈笑觅封侯。
> 胸中浩气凌霄汉，腰下青萍射斗牛。
> 英雄自合调羹鼎，云龙风虎自相投。
> 功名未遂男儿志，一任人时笑敝裘。

写完念了一遍，又在下边写上"岳飞偶题"。这时，王贵他们推门进来，慌张地说："不好了，先生回来了，岳飞你赶紧走吧！"

周侗进到馆中，看到王贵三人桌上的答题，文理皆通，尽可成器。他心中生疑：今日这三个学生文采为何骤长？再拿起来细细看了一番，更觉得不可思议。问道："王贵，今日有谁到馆中来过？"王贵说没有。周侗走到自己的桌旁，看到草纸上写着一首诗，文辞虽不美，但句法可观，而且可以看出写诗人的抱负不小。当他看到后边岳飞的落款，就想起王员外说过的话，说岳飞很是聪明，看来此话不虚。他严厉地对王贵三人说："岳飞何人，他今日可曾来过？你们三人怎能做出这样的答题？你们快让岳飞过来见我。"

王贵来到岳飞家，对他说道："你在先生那里写了什么？他发怒了，让我来叫你过去，恐怕是要挨打哩！"岳夫人听了，很是着急，对岳飞说："你写了什么惹怒先生？快快过去，休得造次。"岳飞应了一下就出来了。他见到周侗，深深地作了揖，问道："先生唤我，不知是何事？"周侗见岳飞小小年纪却举止得体，心中欣喜，说道："这纸上佳句可是你作的？"岳飞红着脸说道："小子年幼无知，一时写下这狂妄之句，还望老先生恕罪。"周侗笑着说："我何曾怪你？让你来是有几句话问，你的文字师从何家？"岳飞说："小子家道贫寒，无师传授，是家母教读，在沙子上写得几个字。"周侗听后，心中一阵怜惜。

过了几日，周侗从王员外口中得知岳飞母子的遭遇，心中有了收岳飞为义子的打算。他对王员外说："我有一事与岳夫人相商，请员外与夫人相陪可否？"王员外说道："可以，待我唤仆人请岳夫人过来。"不多时，岳夫人携岳飞来到，众人分宾主落座。周侗开言道："请岳夫人到此别无他事，只见得令郎十分聪慧，老朽有收为义子之意，特请夫人来此相商。"岳夫人听了，不觉落泪，说道："此子产下三日，突遭洪水，我们母子漂流至此，幸得员外夫妇收留，未曾报答，现在只指望他接续岳氏一脉。此事难能从命，不要见罪。"周侗道："夫人莫怪，义子并非过继，既不需更名也不换姓，只是父子相称，以便老朽将平生本事传得一人。令郎题诗抱负，将来必成大器，但无师点拨，这叫'玉不琢不成器'，岂不可惜。"岳夫人听了看向岳飞。岳飞久慕周侗老先生的才学，如今周侗要收他为义子，教他诗书，传授武艺，他自然是愿意的。岳飞看看母亲，母亲点头应允。岳飞道："既不更名改姓，请爹爹上坐，待孩儿叩拜。"岳飞拜罢，王员外安排宴席，请张达和汤文仲过来向周侗贺喜。

　　次日，岳飞进馆读书。周侗见岳飞家道贫寒，就叫他们四人以后守望相助，如兄弟一般，方不负儿时情谊。各人回家告与父母，都十分欢喜。从此之后，周侗将十八般武艺传与岳飞。

第三回　教场之中显身手

　　冬去春来，转眼之间又是几年。这日，师徒五人一行到沥泉山看望周侗的老友志明长老。一路春光明媚，鸟语花香。上山不到半里路，茂林之处出现两扇门。周侗说："到了。"命岳飞上去叩门。小沙弥进去通报，不一会儿，志明长老手持拐杖走了出来，笑着把周侗一行迎到屋内。两人分宾主落座，四个少年站立两旁。小沙弥端上茶水，周侗说道："听闻这里有个沥泉，泡茶味道极佳。"志明长老道："此山名为沥泉山，山后有一洞，名为沥泉洞。那洞中有股清泉，很是神奇，不但味甘，倘若用来洗眼，老花也能复明。但是近来有一怪事，洞中时常喷出一股烟雾，人要是吸入鼻中便会昏迷不醒。已经好久没有喝到洞中的泉水了。"周侗笑道："看来是我与此泉水无缘呀！"

　　岳飞在一旁暗想：这么好的泉水，我何不取来让爹爹洗洗眼睛，也是我的一点孝心。岳飞向小沙弥探得山后的道路，拿了一个大茶碗，自己一人去了山后。不多时就寻到出泉水的洞口，正要上前取水，洞口却溜出一条蛇，吐着信子。岳飞放下茶碗，随手拿起一块石头扔了过去，不偏不倚正好打在了蛇头上。遭到打击的蛇张开血盆大口，向岳飞迎面扑来。岳飞躲过蛇头，一个反手抓住了蛇尾。金光一闪，岳飞手中的蛇竟然变成了一杆金枪，枪杆上还有"沥泉神矛"四个字。岳飞大喜过望，待他取泉水时，先前好好的泉水却消失不见了，这令他十分奇怪。

岳飞提着枪回到庵中，把他的奇遇详详细细地说了一遍。长老向周侗道贺："此枪乃是神物，令郎定当前途无量。老僧有一册兵书，里边有枪法和排兵布阵的妙招儿，今日赠予令郎。"周侗连连称谢，接过装有兵书的锦匣，交给岳飞，让他好好收藏。

自此以后，岳飞弟兄四人每日在空场上开弓射箭，舞枪弄棒。汤怀见岳飞舞的枪好，就也选了一杆枪。张显觉得枪刺过了头，还得拉回来再刺，比较费劲，枪头有个钩就好了。周侗画了一张图纸，说："这个叫'钩连枪'，照着图纸打一杆就可以。"王贵耍起了大刀，说："一刀下去，少则三四个，多则五六个。这从早砍到晚，还不砍几百个。"引得大家一阵笑。他们单日学文，双日练武，周侗恨不得把毕生的武艺传给岳飞，所以，不论文武，岳飞都高于其余三人。

一日，村中的里长遇到王员外，他说："本月十五日县中要小考，我把令郎王贵和他的三个兄弟都报了上去，员外需早些做点准备。"眼看就十五了，衣帽弓马是应试必不可少的物件，这可把岳飞难住了。周侗拿出一件白袍交给岳飞，他说："让你母亲照着你的身材把它改成一件战袍，还有院中王员外送我的马也借给你骑。十五日清晨要早早地进城。"岳飞把衣服拿回去，母亲连夜改制衣服。

十五日清晨，岳飞随周侗来到内黄县教场。考试前，周侗对王贵、汤怀、张显说："等一会儿教场上点到你们的名字，你们三人上去答应。倘若问岳飞，就说是随后就到。"

考试开始了，各人按着名单一一被点名上去，拈弓搭箭。几轮下来，县令李春看了看箭靶，中意的很少。接下来念到麒麟村了，"岳飞，岳飞……"叫了几声没人答应。又喊："汤怀……""有。"汤怀应声道。接着又把王贵和张显叫了上去。王员外及其好友汤文仲、张达更是高兴，巴不得儿子取得好成绩，好上京应试。县令问他们："你们麒麟村还有一个岳飞，来了没有？"王贵说："来了，稍后就上来。""那你们先射箭吧！"李春说。这时张显说道："求老爷把箭靶放远一些。"李春道："现在已经有六十步远了，还要再远些吗？"张显说："再远些。"李春命人把箭靶往后移了二十步，张显觉得不够，一直放到了一百二十步开外。李春心想：我倒要看看他们有多大本事。他三人开弓发箭，果然不一般，箭箭上靶，箭不虚发。众人齐声喝彩，锣鼓喧天。县令李春大喜，把三人叫上台来，问道："你三人弓箭是何人所授？"汤怀说："家师是关西人，姓周名侗。"李春笑道："原来是周老先生的徒弟，他是本县令的好友，不知今日来了没有？"王贵说："我老师就在下边的茶棚。"李春随即差人同王贵三人去请周侗相见。

不多时，周侗带着岳飞来到了演武厅，李春走下台阶迎接。两人分宾主坐下，诉说一番往日情形。李春看着与周侗一起上来的岳飞，问道："这是令郎吗？"周侗说："此子为老朽的义子，名叫岳飞。"他又对岳飞说："我儿快快过来拜见叔父。""他就是岳飞，刚刚点名未曾上来。"李春说。周侗说："老弟看看我儿的弓箭，如何？"李春笑着说："令徒已经很出色了，令郎一定也差不了，就不用上场了。"周侗说："这是为国家选取良才，马虎不得，更要让众人心服。"李春说："好吧！"他看向岳飞，又说："不知公子能射多少步数，我好让人移箭靶。"周侗说："小儿年纪虽轻，但是臂力不小，能拉得硬弓，恐能射到二百四十步远。""啊……"李春惊讶不已，暗暗称赞，他让人把箭靶移到二百四十步远的地方。岳飞站定身形，拈弓搭箭。"嗖嗖嗖"，连发九箭。鼓声从第一箭响起，一直到第九箭方才停下，场下围观的众人高声喝彩。原来是岳飞射出的九支箭都从一个孔中射出了。

"好！"李春大喜道，"果然是英雄出少年。"他笑着对周侗说："令郎少年有为，必将成为国家的栋梁。我有意将小女许给令郎，不知令郎年方几何？有无婚配？"周侗说："小儿虚度二八，尚未定亲。"李春说：

"好！好！小女今年一十有五，正是一段好姻缘。"周侗暗暗欢喜，说："那是我儿高攀了。我等先行告辞，待我儿禀过岳夫人，再为他二人交换庚帖。"

此一战，岳飞九箭成名，更成就了一桩好姻缘。岳母喜极而泣，感念老天对母子二人的眷顾。

第四回　乱草冈上遇牛皋

　　县令李春把女儿许配给岳飞，过了几天又送给岳飞一匹白马。酒饭之后，父子俩起身告别，一路策马扬鞭向麒麟村奔去。周侗估计是骑马受了风寒，当天夜里就病倒了，岳飞日夜在床前服侍。周侗的病情一天天加重，到了第七日，王员外带着众儿郎前来探望。周侗交代一番，说出了想葬在沥泉山东南的小山上的愿望，王员外一一应允。周侗不久辞世，众人将他的灵柩送往沥泉山安葬。岳飞在坟边搭了个芦棚，为义父守墓。

　　一直守到了次年清明，王员外等人来上坟。王员外说："鹏举，你还有老母需要照顾，此地也不是久居之地，收拾一下同我们一起下山吧！"王贵见岳飞不肯走，说道："爹爹不要劝他，看我把这棚子拆了，哥哥没地方住自然就回去了。"说话间，他与张显、汤怀动起手来，不一会儿工夫，棚子被他们拆掉了。岳飞哭了一场，答应下山。

　　四个小弟兄一起下山，你一言我一语地闲聊着。忽然从身旁的草丛中传出一阵声响，王贵一个箭步跳了过去，起脚在草丛中踢了几下。草丛中传来了人的声音："大王饶命呀！"一个人站了起来，被王贵抓住衣领扔了出来，大声说："有何宝贝，快快交出来！"岳飞喝道："王贵，休得胡说。"接着又问那人："我们都是好人，在此过路，你为什么称我们大王呢?"那个人说:"前边不远处,有个地方叫'乱草冈',近日来了一个强盗,拦路抢劫,我等从密林之中逃了过来。"说完,他向草丛那边喊了几声,草丛中又走出七八个人,他们都是一些要到内黄县做小生意的人。岳飞给他们指了一条去内黄县的大路,路上十分太平,一行人高高兴兴地走了。

这时,王贵来了兴致,对岳飞说:"大哥,我们去看看强盗长什么样子?"岳飞说:"强盗有什么可看的,他昧着良心,做着坏勾当,定有官府收拾他。"张显说:"不如我们去会会他,看他有什么本事?""可我们没带兵器,倘若动起手来难免吃亏。"岳飞说。张显又说:"我们四兄弟还怕他不成。"汤怀补充道:"我们将来是要带兵打仗的,今天先来拿强盗练练手。"说完,他哈哈大笑。岳飞看三兄弟都想去,心中暗想:若是再不去,就被兄弟们小看了,小看我没有胆量。岳飞说:"行,那听诸位兄弟的,我们去会会强盗。"他们把家丁打发回去,省得打起来还得照顾他们。

弟兄四个一人拔了一棵小树,简单处理一下当兵器使用,之后朝着乱草冈奔去。不多时,他们就发现了目标。此时那个强盗正劫住了几个人,大声说:"快把值钱的东西交出来,我饶你们狗命,如若不然,定要你们好看。"被劫的几人跪在地上讨饶:"小的们没什么值钱玩意儿,还望大爷饶命。"岳飞对三个弟兄说:"看那强盗长得五大三粗的,估计是莽夫一个,我们可以智取。我先上去,倘若我打不过他,你们再上来也不迟。"汤怀说:"大哥手无寸铁,一定要小心!"

岳飞大摇大摆地走了上去。强盗见又有一人走来,说道:"来来来,你也把身上的钱财拿出来吧!"岳飞说:"靠山吃山,靠水吃水,既然这是你的营生,我也是免不了的。"强盗听了,说道:"哎呀,你这人倒是识趣。"岳飞说:"我家是大客商,我爹爹的车辆就在后边。这些人都是小本买卖,没什么油水,你把他们放了吧,等我爹爹过来多送一些财物给你。"强盗听了，也省得与这些小商贩磨嘴了，把他们放了完事。众人爬起身来，没命地跑了。强盗对岳飞说："我已经把他们放了，你爹爹他们还有几时到？"岳飞说："我爹爹同不同意，我不知道，但是，我的两个兄弟肯定不同意。"强盗问道："你的兄弟在哪里？叫他们出来。"岳飞伸出双拳，说："看看，这就是我的两个兄弟。""好小子，你原来是诓骗我。"强盗气急败坏地说道。岳飞说："只要打得赢我，身上的财物都是你的。"强盗说："好，我先把双铜挂起，用兵器赢你也不算得好汉。"王贵他们看见岳飞要动手也准备冲过来。强盗举拳朝着岳飞的面门砸了过来，岳飞不去硬拼，把身子一闪，躲过了强盗的第一拳。强盗一个转身又朝岳飞胸口出拳，岳飞又是一闪，抬起左脚，正好踢在了强盗的左肋，把强盗踢倒在地。王贵他们便一起上来，用手中的"武器"把强盗按在地上。

被打倒在地的强盗气得不行，想要拔出腰里的短刀自刎。岳飞打掉他手中的刀，说道："你这人真是奇怪，输了也不用自尽呀！"强盗说："我从没被人打倒过，今日实在丢人，没脸活了。"岳飞给他找了一个台阶，"刚才是你脚下打滑摔倒了，起来我们接着打。"强盗看着岳飞说："你力气真大，刚才那一脚也是真疼，你赢了，不打了。"岳飞让王贵他们拿开按在强盗身上的木棒，强盗起来作揖，又问："兄台尊姓大名，是何方人氏？"岳飞说："我姓岳名飞，住在麒麟村。""啊，麒麟村，我已到了麒麟村地界，可晓得村中有位周侗师父吗？"强盗有些激动地问道。岳飞说："周侗是我义父，你怎么认得？"强盗说："难怪我输了，原来是周师父的义子。"

强盗说自己名叫牛皋，也是陕西人氏，父亲临终嘱咐母亲，要想儿子成名，必须投到周侗师父门下。故此，母子二人离开家乡，一路寻访周师父。打听到周师父在内黄县麒麟村，这才来到这里。在乱草冈遇到强盗，牛皋把强盗头打跑了，把一群小喽啰赶散了。自己在这里抢些东西，一来糊口，二来也好有见周师父的见面礼。这才在此处遇到了岳飞他们。牛皋领着岳飞他们在不远处的山洞内见到他的母亲。岳飞垂泪道："义父已于去年九月去世了。"牛母闻言，十分悲切，也为牛皋的前途担忧。岳飞说："小侄虽不及先义父的本领，但也学得一些皮毛，你们既然寻到了这里，不如留下，让牛皋和我弟兄四人一起操练。"牛皋听了十分高兴。母子二人收拾一番与岳飞来到麒麟村。

第五回 岳飞成婚归故土

　　牛皋母子来到麒麟村，王员外设宴款待，让牛母随岳夫人结伴居住。牛皋也成了岳飞他们结拜兄弟的一员。岳飞开始传授牛皋武艺，也教他读书识字。

　　一日，村中一个里长对岳飞说："相州节度都院下通知，各处武童都要到那里考试，合格者将上京应试。"他们几个听了别提多高兴了。岳飞骑马进城，到内黄县衙门拜见岳父李春。只因牛皋没有参加内黄县的小考，要请李春把牛皋的名字添到花名册上才能去相州应试。李春说："既然是你的义弟，功夫肯定也错不了，添上无妨。"他又写了一封信交给岳飞。"我有一好友在相州做汤阴县县令，叫作徐仁，他为人正直，颇有声名，你把这封信交给他作为引荐。"

　　岳飞收好书信，回到麒麟村，收拾好行囊，准备第二天就出发去相州。一路上，兄弟几人晓行夜宿，说说笑笑，只有岳飞不觉感慨："我祖籍汤阴，至今却漂泊在外，真是造化弄人。"不到一日，他们就来到了相州，找了一家干净的客店住下。几人带着书信到县衙拜见县令徐仁，徐仁看了书信，又见他们五人身材魁梧，气宇轩昂，心想："我昨夜梦中的五只五色老虎，莫非在这五人身上应验。"他对岳飞说："都院大人的中军洪先是本县朋友，待我差人央他照应，你们在辕门外候考便是。"

第二日，他们早早来到，在辕门见到中军洪先。岳飞行礼说道："我等五人请大老爷检阅弓马，请中军大人引见。"洪先听了，向家将问道："他们的常例可曾送来？"家将说："没有。"岳飞听见，便说道："小的木讷，不知规矩，这就差人送来。"洪先说："大老爷今日不考弓马，你们明天再来吧！"岳飞他们眼见考不成了，纷纷上马离去。众兄弟一边往回走，一边说："这中军索贿不成，竟然不让考了，真乃贪财之人。"迎面来了一顶轿子，岳飞认出是徐县令，众人下马站在路旁等候。徐仁看见他们，说："你们这么快就考完了，不知考得如何？我正要找洪中军嘱托你们考试之事。""那中军就一贪财之人，没有常例就把我们打发了，让明日再来。"王贵抢先说。徐仁生气地说："贪财之徒，没有你中军，今天就考不成了吗？你们随我来。"岳飞他们又折返回辕门，徐仁呈上拜帖，传令官出来一声"传汤阴县令进见"。徐仁进去向都院大人作揖，禀告道："禀大人，今有大名府内黄县武生五名，求大人考试弓马。"

岳飞五人上来，个个身材魁梧，刘都院心中已经有了几分喜欢。这时，中军洪先说："他们五人弓马很是平常……""你什么时候考过我们弓马了。"王贵插嘴道。徐仁上前禀道："中军因未曾收到五人的常例，根本没让他们应试。"洪先又说："我已见过他们武艺，并不出色，若不信，可敢与我比试一番？"岳飞说："若大老爷应允，比比又何妨？"刘都院听了他们的争论，说："那就看看你二人武艺孰高孰低。"

二人走下台阶，洪先取过自己的兵器——三股托天叉。岳飞不慌不忙，拿出沥泉枪，摆出"丹凤朝天"之势，说道："恕小的无礼了！"那洪先心中有怨气，举起叉就朝着岳飞的胸口刺来。岳飞没有出枪，只一转身，躲过一叉。洪先把叉挑起，朝着岳飞面门而来。岳飞把头一摆，身子一闪，洪先的叉从上往下落空。岳飞拖枪而走，洪先朝着他的后背刺来。岳飞猛地转身，把洪先的叉挑起，洪先用力过猛，把后背露了出来，岳飞趁势用枪杆在他后背轻轻一拍。洪先脚下不稳，迎面倒下。围观众人忍不住喝彩："好身手……"刘都院发怒："你这点功夫，哪里做得了中军，还索取贿赂！"于是命人把洪先绑出辕门。

刘都院又让徐仁带岳飞他们到箭厅比箭，岳飞的箭比其他四个兄弟的更胜一筹，刘都院对他们几个又多了几分欣赏。在一番攀谈中得知岳飞是汤阴县孝弟里永和乡人氏，刘都院十分同情他的遭遇，对徐仁说："这个门生得周侗师父的传授，学得一身好武艺，日后必得封侯拜将。贵县回去把岳家旧时基业一一查点，待本院拨银造房，让他仍归故土吧！"岳飞听后连连叩谢。

回到麒麟村，岳飞将这一喜讯告知母亲，岳夫人十分高兴，开始忙着收拾。王员外等人听说岳飞母子要回汤阴县归宗的事，都有不舍之情，经过一番商议，他们决定举家迁往汤阴居住，王贵他们三个别提多高兴了。

第二天，岳飞到内黄县县衙拜见岳父李春。他把相州应试，刘都院让他迁居故土之事说了一遍。李春说："难得刘大人如此恩义，你重归祖业乃是大事，眼下我也有件大事，在你们迁居之前，把你和小女的婚事办了。"岳飞说："小婿家贫，迎亲之礼一下难以准备，可否待我取得功名，再来迎娶？"李春说："这些都不紧要，我已年老，等你们迁居之后，又免不了一番折腾。不如趁此归宗之际完婚，也了我一桩心愿。"岳飞答应。李春又说："后天正是黄道吉日，你快些回去准备。"

岳飞回到麒麟村，正碰上王员外等人商量迁居的事，岳飞把要成婚的事说了。王员外说："这真是喜事不断呀！"岳飞说："小侄家贫，成婚的物件也没有备下，这如何是好？"王员外说："贤侄莫慌，我这就差人准备，咱们只有一墙之隔，连夜让人打通，我这边还有几间空房，收拾一下作为婚房。"岳飞谢过王员外回家禀告母亲，岳夫人自然十分高兴。

隔日，王家庄张灯结彩，锣鼓喧天，两个喜娘扶着新娘子出轿，与岳飞参拜天地。众人欢呼畅饮，一醉方休。次日，岳飞要到县衙谢亲，众兄弟们也一起去向李春辞行。又过了几日，他们几家收拾好了行装，拉了一百多辆马车，从麒麟村出发，向汤阴县而去。

第六回 元帅府岳飞显将才

岳飞一行在往汤阴的途中遇上了盗匪，这盗匪正是被革职的中军洪先。此人本是盗匪出身，刘大老爷见他有些本领，破格提拔他做了中军。不承想他恶习难改，贪贿忌才，因刁难岳飞被革了职，因此纠结旧时手下，还带领了他的两个儿子来此找岳飞报仇。岳飞本想着："冤家宜解不宜结，饶他们性命。"不承想他的几个结拜兄弟却是狠人，几个回合下来，洪先父子三人被斩于马下，也算是恶人有恶报。

又走了几日，一行人来到相州城外，找了一家大客店住下。岳飞去县衙拜见县令徐仁，他把岳父李春送女成婚，王员外等人迁来同居一一禀明。徐仁说："难得你岳父大义，你母亲身边也有人照顾，但是眼下只有几间房，恐怕小了些。"岳飞说："有劳大人费心了，待我以后慢慢添造吧！"徐仁带着岳飞赶到孝弟里永和乡，在一处院落前停下，他说："我在乡册上查到这一带就是岳氏的旧址，都院大人发下银两，买下了这几间房子，你收拾一下就搬到这里吧！"岳飞谢过徐仁，回客店招呼众人搬家。岳夫人看着眼前的房子，想起当年家业何等殷实，十多年来，岳和不知所终，忍不住伤心落泪。岳飞说："母亲不要悲伤，我们暂且住下，以后再多盖一些。"儿媳李氏也在一旁劝慰。岳夫人想到岳飞业已成人，如今又寻得一门好姻缘，她对岳氏也算有了一个交代，心中有了几分释然。王员外等人命人摆酒，几大家子人一起庆祝乔迁之喜。

很快就到了进京赶考的日子，王员外等人便要找几个精干的家丁一同前去。众兄弟说："不要不要，我们自己可以。"大家忙忙碌碌，收拾行囊，打点盘缠。第二天一大早，岳飞、王贵、张显、汤怀、牛皋五人骑了五匹快马向汴京出发。路上走了两天，都城汴京便出现在眼前。岳飞说："我们来此，人生地不熟的，贤弟们可要收着些性子。"王贵说："我们进去后不说话就是了。"张显说："你这说的什么气话，大哥也是为我们好，在这京城中惹出事来，可没人救得了你。"说话间，他们就进了城，找了家客店住下。

岳飞向店主打听宗留守①的衙门在哪里。店主说："出大门往北，走五里多地有个衙门就是，那是个大衙门，无人不晓。"岳飞又问："此时想必已经坐过堂了？"店主说："没有没有，这位大老爷官拜护国大元帅，留守汴京。这时应该还在朝中，要到午后才坐堂呢！"岳飞和众兄弟吃过午饭，带上刘都院的书信，准备送到宗留守的衙门。他说："我这里有封刘都院写给宗留守的书信，刚听店主说这宗留守在朝中很有权势，今日我投了这书信，也好讨个功名，兄弟们都有好处。"牛皋说："有这等好事，你我兄弟同去。"岳飞说："同去可以，你只能在外等候，不要生事。"王贵说："我们同去认认这留守衙门，也看着牛兄弟，不让他生事。"话音刚落，他就被牛皋白了一眼："好像就我生事一样。"岳飞答应同去，他们几个一起出了店门。

宗留守从朝中回来正在坐堂，他对手下说："若有汤阴县武生岳飞来，可以直接带他进来。"宗留守前几日收到刘都院的书信，信中把岳飞好一阵夸奖，说此人文武全才，盖世无双。所以宗留守想看看岳飞，到

---

① 留守：留守为官名。宗留守原名宗泽，是北宋、南宋之交在抗金斗争中涌现出来的杰出政治家、军事家。

23

底是有真才实学，还是哪个大财主的儿子，刘都院得了人家的好处，这才卖力。衙门口，岳飞正上前向旗牌官作揖："汤阴县武生岳飞求见。"旗牌官说："你就是岳飞？大老爷正等着你呢！随我来吧！"

岳飞上到大堂，双膝跪地："大老爷在上，汤阴县武生岳飞给您叩头。"此前岳飞为了拜见宗留守换了衣服，一身华丽打扮。宗留守看到他，以为是哪家财主的儿子，问道："你什么时候来的？"岳飞答道："小的今日才到。"他从怀中掏出刘都院的信又说："这是刘都院让我转交大老爷的信。"宗留守把信拆开一看，与前几日收到的刘都院的信内容相仿，全是夸奖岳飞的举荐之信。"岳飞，你这举荐信花了多少银两得来？从实招来，有半句虚言，棍棒伺候。"岳飞见宗留守发怒，他也摸不着头脑，他把自己出生以来的遭遇说了一遍，最后说到这次应试出发前，刘都院送了五十两银子作为盘缠，又写了一封举荐信。宗留守听说过周侗，知道他本事了得，能文能武，既然岳飞是他的义子，估计也有些本领，就对他说："你到箭场上去，我看看你有何本领。"

到了箭场，岳飞从弓架上试了几把弓，都不能令他满意。他说："禀大老爷，这些弓太软了，恐怕射不远。"宗留守问道："你平时能拉得开多少斤？"岳飞说："我能开二百多斤，能射二百余步。"宗留守说："我这把弓有三百斤，你来试试。"岳飞接过弓，上手一拉，说了声"好弓"！他举弓搭箭，"嗖嗖嗖"一连射出九支，箭箭都在靶心上。宗留守看了很满意，又对他说："你用的什么兵器？"岳飞说："各样兵器我都晓得一些，我平时用的枪。"宗留守让手下抬来他的钢枪。"你耍一套枪法看看。"他对岳飞说。岳飞在箭场上把枪一摆，使出三十六个翻身、七十二种变化，刺、戳、点、扫、挑，招招出奇。宗留守看了，连连称好。岳飞练完一套枪，面不改色，气定神闲。宗留守笑着说："我以为你是贿赂官家求来的举荐，不承想你果有真才实学。"他吩咐左右给岳飞看座，上茶，岳飞推辞一番坐下。宗留守说："你武艺超群，堪为大将，不知用兵布阵可曾习得？"岳飞说："旧时阵法倒也识得，但不必深究。今古不同，战场有广狭险易之分，不是一个具体的阵图所能决定的。用兵须要出奇，使敌人不能晓得我方的虚实，这样才能取胜。如果敌人突然发难，也没有工夫排列阵势。用兵之妙，全在灵活应变。"

宗留守听了岳飞这一番见解，说道："真乃国家栋梁，刘都院可谓慧眼识人才。不过……"看着宗留守欲言又止的样子，岳飞问道："大老爷有何难言？"宗留守说："滇南南宁州小梁王，他是柴世宗嫡派子孙，姓柴名桂，说是要夺今科状元。圣上点了包括我在内的四大主考，其余三人收了小梁王的礼物，把状元许给了他，所以这事有些难办。"岳飞说："大老爷休要为难，教场上看看真本事，我也不会输于他。"

岳飞出了辕门见到众兄弟，牛皋说："大哥在里边这么长时间，连累我们为你担心，看你脸色不好，想必是受那留守的气了。"岳飞说："留守对我敬重有加，有什么气呢？只是……我们还是回客店说吧！"

第七回　小教场牛皋抢"状元"

上回说到岳飞从宗留守的衙门出来后闷闷不乐，回到客店，他把宗留守看验武艺的事说了一遍，没提小梁王贿赂得状元的事，他怕几个兄弟惹事。

这一日，兄弟几人喝酒行令，岳飞心中有事，喝了几杯竟然醉倒了，呼呼睡着。张显说："大哥往常喝酒，讲文论武，好不快活，今日不知有什么心事，不言不语的。"说完他与汤怀也睡在了另一个榻上。王贵喝的也不少，倒在桌子下睡着了。牛皋看见他们睡的睡，倒的倒，自己也没了喝酒的兴致。一个人出了客店到街上溜达。

迎面走来两个人，一人穿白一人穿红，两人说说笑笑。那穿白衣的说："哥哥，听说大相国寺非常热闹，我们前去逛逛。"穿红衣的说："贤弟喜欢热闹，我奉陪就是。"牛皋听见两人说话，他也想去看看热闹，就跟在了他们身后。穿过几条街，转了几个弯，他们来到了大相国寺前，做买卖的，杂耍卖艺的，说书的，东一群西一伙的人群，好不热闹。牛皋跟着前边两人走进一个围场，是一个说书场。"三位里边请！"有人招呼他们。前边两位也不客气，双双坐下。这里讲的是"杨家将八虎闯幽州"，话说北宋太宗皇帝受奸人所惑，被困幽州，杨令公父子九人领兵救驾。听了一段，那穿白衣的从怀中掏出两锭银子送与说书人，说了句

"我们是过路的，少了莫怪"。送出银子，两人转身就走，牛皋觉得奇怪，又跟在了身后。说书人以为三人一伙的，不晓得牛皋是听白书的。出来后，那穿红衣的说："虽然两锭银子对大哥来说也不多，但在京城人眼里会说大哥是乡下人。""刚才那人说的是先祖父子九人，千军万马无敌手。不要说是两锭银子，十锭也值！"穿白衣的骄傲地说。他们继续往前走，又遇一个书场。白衣男子说："贤弟，到里边听听这里讲什么？"红衣男子说："行行行！"三人两前一后进了书场坐下。这里说的是《兴唐传》，正说到秦王李世民在枷锁山赴五龙会，手下一员大将姓罗名成，独自一人拿下五员敌军猛将。这次是红衣男子拿出四锭银子送给了说书人，说："我等过路之人，少了莫怪。"说书人连连称谢。说完，两人就往外面走，牛皋好奇，也跟在身后。

现在我们说一下此二人姓甚名谁，那穿白衣的，姓杨名再兴，是杨家的后代子孙。那穿红衣的姓罗名延庆，是唐朝罗成的子孙。杨再兴问道："贤弟，你怎么给了他四锭银子？"罗延庆说："哥哥，刚才那人说的是我的先人，独自擒得敌军五将，不比大哥的强吗？这才多给了他两锭银子。"杨再兴说："嘿，你欺我先人不成？"罗延庆说："不是欺你先人，是我家先人更厉害些。"杨再兴说："既然这样，我们比一场。赢的留下夺状元，输的回去明年再来。"罗延庆说："有道理，我们小教场见高下。"牛皋心想：还好被我听见了，若不然，状元就被这两人抢去了。

牛皋快步回到客店，让店家给他备马。他上楼去拿兵器，见几人还在睡觉，便自言自语："看我自己夺个状元回来，送与大哥。"牛皋手提兵器走下楼，店家已备好马匹，他又问得小教场所在，翻身上马直奔小教场而去。此时，杨再兴和罗延庆战得正酣。不多时，牛皋就到了，他远远地喊："状元是俺大哥的，你两个敢在此争夺，看爷的双锏答不答应。"正在交手的两人停了下来，说："哪里来的浑人，我们比试武艺，与你何干？"牛皋说："夺状元就与俺有关。"说着，他的锏就朝着杨再兴的头顶打来。杨再兴抬枪一挡，觉着有些力量，就对罗延庆说："此人有些力气，我们来逗一逗他。"杨再兴把手中的枪朝牛皋的心窝刺来，牛皋用双铜挡过一枪，紧跟着罗延庆的枪向着他的脑袋扫来，牛皋又把双铜举起抵挡，几个回合下来，牛皋就招架不住了。杨再兴使的一杆烂银枪有一寸多粗，罗延庆更是力大无穷，两人使得一手好枪法，牛皋根本不是他们对手。他们无意伤人，把牛皋累得气喘吁吁，大叫道："大哥，你再不来，状元没了不说，我的命也得交待在这了！"杨再兴和罗延庆听了，又气又笑，说："你大哥争状元，你就这点本事，还想为他出头，我们就等等你大哥。"说着话，两人停手，但也不让牛皋脱身而去。

回过头来再说岳飞他们，几人醒来不见牛皋，询问店家才得知他带着双铜到了小教场。他们怕牛皋惹出祸端，各自带了兵刃骑马奔向小教场。刚到小教场的门口，就听牛皋在那里喊："哥哥快来呀，状元被人抢走了。"岳飞看到一红一白两人围着牛皋，对其余几人说："众兄弟先在此等候，为兄上去探探虚实。"他催马向前，喊了一声："休得伤我兄弟！"罗杨二人丢下牛皋，两杆枪一起挑出。岳飞把枪往下一掷，只听得"当啷啷"一声响，罗杨二人手中的枪均已脱手，枪头着地，这在比武场上叫作"败枪"，已然是输了。他二人把岳飞上下打量一番，说："你的武艺在我们之上，今科把状元让你了。"说完调转马头离去。岳飞喊道："两位好汉慢行，请留下尊姓大名。""山后杨再兴、湖广罗延庆是也！"声音从教场口传来。

岳飞向牛皋询问为什么与人拼杀。牛皋说："此二人在此争夺状元，我无非是要替大哥把这状元夺了，没想到他们功夫了得，幸亏你来得及时，这状元一定是大哥的了。"岳飞笑着说："夺状元要在演武场与天下英雄比试，哪里是几个人私下抢来的。"牛皋垂头丧气地说："嘿，打了半天，白干了。"引得众兄弟哈哈大笑。

第八回　夺状元枪挑小梁王

到了应试的日子，众兄弟早早地来到教场，教场上已是人山人海。有各地前来应试的举子，有看热闹的百姓。天色渐明，其中三位主考来到教场，到演武厅住下，不一会儿，宗留守也来到。宗留守想：这三位主考收了小梁王的礼物，我得想个办法。他说："比试招考乃是国家大典，不容我等私相授受，如今必须对天立誓，方可开考。"随后他命人摆列香案。一位主考是丞相张邦昌，他心想：这个老家伙，知道我们收了小梁王的礼，给我们来这出。宗留守焚香立誓后对丞相张邦昌说："你也来起个誓。"张邦昌无奈，只得跪下起誓。其余两个主考也起了誓。

宗留守暗想："他三人既已定小梁王柴桂为状元，不如传他上来先考考。"他命旗牌官传柴桂上来。柴桂上来向考官作揖，站在一旁听令。宗留守问道："你就是柴桂？"柴桂答是。宗留守又说："你来考试，为何参见不跪？作为一方藩王，自然请你上坐，但今日你以举子身份前来应试，哪有见了主考不跪拜之理？你好端端的王爷不做，弃大就小，来夺状元，有何好处？"柴桂被宗留守一顿发难，只得低头跪下参拜，心里不服气。柴桂来京途中被"金刀大王"王善截住，此人手下喽啰五万余人，霸占着太行山，打家劫舍，仗着人多势众，官府也奈何不得。他觊觎宋室江山已久，就缺个内应。王善对柴桂说："主公现在只是一个挂名的藩王，想那赵匡胤，陈桥兵变，得了帝位。现如今臣下兵精粮足，大王何不进京结交权臣，得了此科状元，把这同年进士收为心腹。到时我等发兵，帮主公收拾旧日江山，岂不美哉！"这话本是王善与军师定的计策，只是利用柴桂的名号，没想到他却信以为真。进京后，柴桂贿赂了三个主考官，要夺下这武状元，却没想到宗留守一心为取良才，故此将小梁王柴桂一番数落。

在一旁的丞相张邦昌好不生气，他心想："我也要把他的门生叫上来，骂他一场，出出气！"这几日，他已探得宗留守与岳飞比较亲近，以为岳飞已投到宗留守门下。于是他对旗牌官说："你去把那岳飞叫上来。"旗牌官得令下去。不一会儿，岳飞走上演武厅，他下跪叩拜。张邦昌说："你就是岳飞？"岳飞答是。张邦昌又说："看你身不高大，貌不惊人，有何本事取这状元郎？"岳飞答道："台下几千举子哪个不想做状元，我也不过是随例应试，怎敢妄想状元。"岳飞的几句话把张邦昌想骂他的嘴给堵上了。张邦昌说："那先考你二人本事如何。岳飞，你敢与梁王比箭吗？"岳飞说："大老爷有令，谁敢不遵。"宗留守心中暗喜：岳飞箭术远在柴桂之上，此贼上当了。此时的箭靶在百步之外，柴桂看了看说："我的弓软，让岳飞先射吧！"张邦昌又悄悄让人把箭靶往后移了百步，对岳飞说："岳飞，你先来。"岳飞臂力惊人，这二百步远的箭靶根本难不倒他。他站立身形，开弓搭箭，"嗖嗖嗖"连射九支，真是"弓开如满月，箭发似流星"。监箭官将那九支箭和箭靶抬上厅来，他说："这举子箭法了得，九支箭从一孔穿出。"张邦昌本想让岳飞出丑，没想到他箭法如此之强。柴桂眼见自己在箭上不敌岳飞，就想着在武艺上取胜。他说："倘我九箭全射中也比不出高低，不如我与他在武艺上见高低。"

张邦昌命岳飞和柴桂马上过招。岳飞忌惮柴桂的王爷身份，不好尽情发挥。教场上，他勉强上马，倒提着枪，催马向前与柴桂打个照面。柴桂轻声对岳飞说："岳飞，本王有句话相告，若你诈败而去，成就本王大业，重重有赏；如若不得，定要你好看。"岳飞说："王爷吩咐本该应允，但今日教场上哪个举子不是十载寒窗，只望得一功名，王爷何苦与我们争抢呢！"柴桂听了勃然大怒，"不识抬举的狗奴才，看刀。"这一刀砍向岳飞的面门，岳飞双手抬枪挡住，柴桂收刀，在自己头顶转了一圈，朝着岳飞的左腰砍来，岳飞枪尖朝地又挡住了。这一举动惹得柴桂发怒，"当当当"又是刀枪相撞的声音。柴桂收刀回马，上了演武厅，岳飞紧随其后。

柴桂向张邦昌禀道："这岳飞武艺平平，怎得上战场杀敌！"张邦昌说："我看他的武艺也不及王爷。"宗留守把岳飞叫上前来，说："你这样武艺，怎么也想挣个功名？"岳飞说："并非小的武艺不精，只是碍于王爷身份，不敢出全力。"宗留守说："既然这样，你就不该来应试了。"岳飞说："三年一大考，怎能不考，往常考试，不过是跑马射箭，抢刀耍枪。如今与梁王刀枪相搏，如有失手，小的受伤白丢一条性命，如若小的伤了梁王，不但自家性命难保，恐连累家人。恳请大老爷做主，令梁王与小的签下生死文书，不论谁死谁伤，俱不偿命，小的才敢交手。"宗留守说："此话也是一番道理，柴桂，你可愿意？"梁王有些犹疑，张邦昌说话了："岳飞你好大的口气，看你有何本事！王爷可同他立下这生死文书，伤他性命，也叫其他举子无话可说。"梁王被架在了火上，心里暗骂张邦昌，也只得无奈答应。各人把文书写定、画押，四名主考也都用了印，二人把文书交换。梁王把文书交于张邦昌保管，岳飞想把文书交与宗留守，宗留守说："这关乎身家性命，你还是交与自家人为好。"岳飞对柴桂说："我把文书交在朋友处，去去就来。"岳飞回到众兄弟处，交代一番："汤兄弟和牛兄弟，你俩守在梁王的帐房外，倘若梁王输了，恐他们有人出来生事，王贵、张显两位贤弟，你二人守着教场口，我若输了就替我收尸，若赢了也好逃命。"随后，他把生死文书交给王贵，说："把这文书藏好，这是为兄的身家性命。"吩咐完，他来到教场中央。

　　梁王与岳飞签了生死文书，心里有些慌张，他也回到自己的帐内与随从商议好了对策，后又回到教场等岳飞过来。二人再次对峙，柴桂说："岳举子，你若把状元让与我，少不得给你个榜眼、探花的，日后也有你好处。"岳飞说："但愿王爷能胜了小的，也让这些应试的举子心服口服。""好你个敬酒不吃吃罚酒的狗奴才，看刀。"柴桂以为岳飞本事不行，说着就抡起刀来。一刀下去，砍在了岳飞沥泉枪上，却震得他两臂酸麻，心想："不好！"岳飞有了那一纸生死文书护身一下子就放开了手脚，准备让柴桂吃些苦头。柴桂一把大刀上下出击，左突右进，俱不能伤得岳飞。几个回合下来，岳飞已晓得他武艺稀松，便说道："柴桂，你也就这两下子，今给你个体面，还不败下阵去。"柴桂骂道："好个狗奴才，竟敢冒犯本王名讳，吃我一刀。"岳飞不慌不忙，架开大刀，枪尖朝着柴桂的心窝刺来，柴桂身子一闪躲过，枪尖挑住他肋下的藤甲，岳飞双手再次用力，把梁王挑过了头顶，重重地摔在了地上。这岳飞也是个狠人，一枪下去结果了梁王性命。

第九回　牟驼冈岳飞破敌阵

岳飞教场枪挑小梁王，得宗留守相助脱身来到昭丰镇。且说那太行山金刀王善，得知梁王被岳飞刺死，宗留守被削去官职，今科武举也停止了，他觉得自己的机会来了，召集诸将军师议事。他说："如今朝中奸臣当道，将士离心，除了宗泽，已无带兵之人，此时就是夺取宋室江山的好时机，你们认为如何？"军师田奇说："当今皇帝大兴土木，民不聊生，朝上任用奸臣，文武不和，此正是起兵之际。"王善闻言大喜，随后他以马保为先锋，何六、何七为副将带领三万人马，扮作官兵模样向汴京出发，他和军师田奇为后队。

一路上少有拦阻，贼兵在汴京城外五十里的牟驼冈安营扎寨。金銮大殿上，众臣云集，宋徽宗下旨："今日太行山强寇兴兵作乱，众卿家何人可带兵退敌？"众人相互对视，左右观看，没一人上前。宋徽宗正要发怒，谏议大夫李纲走出，他说："启奏陛下，王善兵强将勇，久有异心，此必有备而来，以前因忌惮宗泽，故不敢猖獗。若要退贼兵，还得宣宗泽回京带兵。"皇帝准奏，让李纲前去宣旨。宗泽接旨进朝见驾，宋徽宗给他恢复原职，领兵出城退敌。这时张邦昌又开始使坏，他说："贼人乃乌合之众，有五千人马足以平定。"宋徽宗听信奸人，只给了宗泽五千人马。

第二日，宗泽在教场上点齐人马，带领公子宗方一同出城。他们一行来到牟驼冈，远远望见贼兵黑压压一片，足有四五万人。宗泽心里苦呀，他想："我这五千兵士，怎能退得贼人。"他传令下去，让兵马在牟驼冈上扎营。公子宗方说："贼兵多于我军数倍，如今在冈上扎营，一旦被围可如何是好？"宗泽叹了一声说："这个道理为父岂能不知？我被奸人妒害，这五千人马要想退敌是万万不能的。你在冈上固守，为父单枪匹马杀入敌营，如能擒得匪首，你才可下冈助阵，若为父死于阵中，也是报了国恩，你速带兵回城。"交代完毕，宗泽上马独闯金刀王善的营盘。

再说那昭丰镇上的岳飞几兄弟。这一日，他们见到店里的人都慌慌张张，从客店掌柜的口中得知，太行山大盗起兵叛乱，正与都城对峙，镇上的人家准备进到山里躲避战乱。岳飞说："我想那领兵坐镇的定是恩师宗大人。"汤怀说："大哥怎敢肯定？"岳飞说："奸臣把持朝政，俱是贪生怕死之辈，只有宗大人忠心为国。依愚兄之见，我们前去打探，如是恩师，便可助他一臂之力。"众兄弟欣然应允。几人快马加鞭地出发了，远远地看见牟驼冈上插着宗泽的旗号，岳飞说："我说的没错吧，是恩师，只是他为什么扎营在冈上呢？"来到冈下，岳飞报上大名，不一会儿，宗方下冈来迎。岳飞说出自己的疑问，宗方便把"被奸臣构陷，将寡兵微，父亲拼得一死报国恩，单枪匹马闯入敌营"说了一遍。岳飞气急："恩师好糊涂呀！"他对宗方说："既如此，公子在外接应，我兄弟几人杀入贼营，救出恩师。"汤怀说："大哥，贼人众多，一时哪里杀得净？"岳飞说："我等冲进去，擒得匪首，救出恩师。"兄弟五人从不同方向冲进敌营，杀得喽啰人仰马翻，鬼哭狼嚎。

此时宗留守正被众贼围在中央，大口喘着粗气。贼人王善下令要活捉宗留守，没有用箭，喽啰大喊："宗泽，大王有意把你招入麾下，还不快快下马受降。"忽然，阵外传来喊声："枪挑小梁王的岳飞杀进来啦！"

宗留守暗想：岳飞已回乡，这是谁又闯入进来？他正疑惑，岳飞已然杀到圈外，大喊："恩师莫慌。"手中一杆沥泉枪左挑右刺，杀入人群。两人并在一处，逢人便杀。这时，王善得到奏报，听闻又有五人前来闯营，他慌忙上马提刀冲出中营。众喽啰大喊："大王来了，大王来了!"王贵听到叫喊声，便说道："大哥说'射人先射马，擒贼先擒王'，我去会会这贼王。"王贵一把大刀左劈右砍，砍出一条道路，说着就来到王善面前，喊道："贼人可是王善?"王善也不示弱："正是你爷爷我。""找的就是你，拿命来。"王贵举刀就砍。金刀王善也是徒有虚名，几个回合下来就落了下风。王贵瞅准机会，一刀下去，把王善连肩带背砍于马下。他发现王善的金刀不错，下马取了金刀，把自己的刀丢在一边。牛皋看见王贵胜了一员贼将，大声对王贵说："王兄弟停停手，给我留个大的。"贼将邓成来为王善报仇，正遇上岳飞策马前来，只见岳飞手起一枪，邓成落马。军师田奇举着方天画戟来寻仇，被牛皋一锏把画戟打飞，又一锏打在田奇脑袋上，田奇倒地不起。顷刻间，贼首军师等人死于马下，众喽啰四散奔逃。山顶观战的宗方见贼营大乱，也领兵冲过来，贼兵死伤大半，降的降，逃的逃。

　　贼兵平定，宗留守入朝向徽宗启奏："臣领兵杀贼，被贼人围困，幸得汤阴县岳飞兄弟五人相助，诛杀贼首军师等，缴获车马粮草不计其数。"徽宗大喜，宣岳飞等人进殿见驾。五人下跪叩拜，高呼万岁。徽宗问张邦昌："岳飞等如此大功，可封何职?"张邦昌说："论破贼，该封大官，但他枪挑梁王，破坏武考有罪，可将此功折罪，权且封他个承信郎，待日后再有功劳，另行升赏。"徽宗准奏。宗留守暗骂："奸臣，嫉贤妒能!"原来，此官职排在武官的最末位。

第十回　回乡路上遇良朋

岳飞兄弟五人破贼，只得一承信郎的官封。宗留守对他们说："朝上奸臣当道，此时不是搏功名的时候，你们回乡再图时机。"几人拜别宗留守回到昭丰镇，收拾行李，告别店家，一路向着汤阴县而来。

路上，弟兄几人感叹奸臣当道，实难获取功名。牛皋说："想那太行山贼人一个个手起脑袋落，不得功名也很痛快，有朝一日杀得几个奸臣更痛快。"岳飞说："兄弟不要胡说。"王贵又添了一把柴，说："若不是有大哥在，我们在朝上就将那奸相张邦昌揪下来，一顿拳打。"张显说："你这个冒失鬼，朝堂岂是你我放肆的地方，害了众兄弟性命不成。"兄弟几人你一言我一语地逗着乐子。这时，前边出现了七八个人，他们慌慌张张，跟跄而来。见岳飞几人说说笑笑，有一人说："前边不能去！"汤怀抓住一个跑得慢的说道："前边有何危险，为何你们如此慌张？"那人答道："前边红罗山有劫道毛贼，我们的行李都被抢了，好在跑得快，不然性命不保。"王贵笑着对牛皋说："牛兄弟你看，又碰上劫道的了。"牛皋冲着他瞪眼。岳飞对汤怀说；"汤兄弟，你前去打探打探，我们随后就到。"

汤怀催马上前，来到红罗山脚下。只见红砂马上坐着一人，手抢大刀，挡在汤怀面前说道："此树是我栽，此路是我开，要想从此过，留下

36

买路财。"汤怀说："你汤爷爷送你一杆枪。"那人说："来了个练家子，吃我一刀。"他举起大刀就是一顿砍。汤怀举枪架刀，朝那人心窝刺去。那人马上把身子一闪，举刀又是一顿砍。刀去枪挡，来来回回十七八个回合，真是棋逢对手。岳飞他们四个赶来，只见汤怀久攻不下，牛皋看得着急，他舞动双锏，大喊："我来也！"便冲上前去。山上又跑下一人，此人青面獠牙，胯下一匹青鬃马，手舞狼牙棒来战牛皋。王贵手挥金刀也冲过来，口喊："还有谁？你王爷爷来也。"山上又下一人，他遍体金装，骑着黄骠马，手持三股托天叉与王贵战在一起。张显舞动钩连枪，喊道："还有谁？快快下来。"他一喊真就来了一个，此人红袍金甲，手提点钢枪。

岳飞心想："不知这山上还有多少强盗，兄弟四人与之搏杀，一时难分胜负。"正待催马上前，只听得山上一阵鸾铃响，又下一人，那人白马白甲，头顶烂银盔，手持一杆烂银戟。他大声喝道："我来也！"说完，他对着岳飞举戟就刺。三五个照面，七八个来回，那人把马一拎，跳出圈外喊道："嘿，等一下，我有话说。"说罢，那人上下打量岳飞，问道："我看你这面相，一时想不起在哪里见过，你且说姓甚名谁，从哪来打哪去？"岳飞说："我等汤阴县举子，从汴京返回，哪里认得你们这班强盗。"那人说："莫非你是枪挑小梁王的岳飞？"岳飞回答："正是。"那人收了兵器下马，连忙行礼说："真是你呀，换了衣服一时没有认得出来。"岳飞也下了马，抱拳行礼说："你为何认得小弟？"那人说："我也是此次应试的举子，待我把我的兄弟们叫过来。"他高声向着正在交手的几人喊道："列位兄弟住手，都是自家兄弟。"那四人听到声音，都停手围了过来，说："不知大哥为何唤我们停手。"那人指着岳飞说道："各位贤弟，这位就是教场上枪挑小梁王的岳飞。"四人下马与岳飞行礼。岳飞把王贵他们叫过来，一一做了介绍。岳飞问那人："敢问好汉尊姓大名？"那人说："小弟施全，用刀的兄弟唤作赵云，那个使枪的兄弟叫周青，拿叉的叫梁兴，手持狼牙棒的是吉青。我五人是结义兄弟，此番也来抢武状元，大哥枪挑小梁王，搅散了武场，小弟们花完了盘缠，在红罗山遇到一伙毛贼劫道，贼人被我几个杀了，故在此取些金银财宝。我们本打算投奔大哥，没想到今日遇上。"岳飞也是喜结交朋友之人，因而答应让施全他们入伙。施全邀众人上山，摆上香案，按长幼十人叩头结拜。转天，众兄弟收拾行装，一起回到汤阴县，终日习文练武，讲演兵法。

此后，金国四太子兀术奉总领完颜阿骨打之命，带兵南下，抢夺宋室江山。金国军队一路攻下潞安州、两狼关、河间府，在黄河边扎下营盘。此时，宋钦宗①拜李纲为平北大元帅，宗泽为先锋，领兵五万，前往黄河退敌。怎奈天公不作美，八月天黄河冰冻②，金兵踏冰过河，宋朝兵士都是单衣铁甲，挡不住寒冷，闻得金兵来到，尽皆逃命。因黄河失守，李纲、宗泽被削职为民。康王赵构入金营为质，委曲求全，认贼作父。徽、钦二帝听信贼人言，亲送五代先王牌位出城，被金兵所俘，押往北地。二帝狱中传血诏，叫康王逃回中原即位，重整江山。康王赵构密接二帝血诏，得一些忠义之士的冒死相助，脱身敌营。随后，康王于金陵城即帝位，史称宋高宗。此是几年间发生的事，一笔带过。

---

① 宋钦宗：宋徽宗赵佶长子，于宣和七年受宋徽宗禅让登基，改元靖康。
② 八月：此处为农历八月，通常是公历九月或十月。九月或十月飘雪可能是当时气候异常所导致。此处根据《说岳全传》改编，有一定传奇色彩。

第十一回　守正义兄弟断义

当日岳飞回乡途中结识施全等人，一起回到汤阴县习练武艺。不料第二年瘟疫横行，王员外及夫人相继病亡。汤文仲夫妇前来送葬，也不幸感染瘟疫，双双离世。当年又遭遇旱荒，米粮颇贵。那牛皋是吃惯嘴了的人，要吃肉，还要喝酒，怎熬得了如此清淡日子，不免和兄弟们私下做些不法之事。

只有岳飞一家苦守清贫，甚是凄凉。一日，岳飞正在书房看书，偶然在书中翻出一张命书。那算命的术士在上面批着："二十三岁，必当大发。"岳飞暗想："这些星相之流，不过是一派胡言，骗人钱财而已。"正在感叹，妻子送茶进来，说："相公为何愁眉不展？"岳飞说："我刚才翻出一张命书，说我二十三岁必当大发，正是今年交此大运，发在哪里？况且今年遭遇旱荒，粮食歉收，怎么也说不上是好啊！"妻子劝道："困龙也有上天时，那是相公的时运还没到啊。"岳飞道："虽如此说，叫我等到何时？"

正说着话，岳飞的母亲刚好从书房门口走过，听见了，便走了进来说："儿啊，你时运未来，怎么反而在这埋怨媳妇？"岳飞急忙跪下说道："母亲，我只是因为看书时偶然翻到了一张命书，所以有些烦恼，并不是埋怨媳妇。"话还没说完，儿子岳云从学堂回来，见父亲岳飞跪着，他也来跪在父亲后边。岳母叫岳云起来。岳云说："爹爹起来了，孙儿才起来。"岳母即叫岳飞起来，带了媳妇孙儿，到自己屋里去了。

岳飞独自一个在书房内寻思：恩师让我回家也不可荒废武艺兵法，今日无事，我何不到外面练练枪马，也出一口闷气。岳飞牵出战马，带着沥泉枪，出了村，忽见几位兄弟说说笑笑牵马而来。岳飞心想：我三番两次劝他们不可取那不义之财，今天他们肯定没干好事！于是便问："众位弟兄哪里去？"诸位弟兄很惭愧，低头无语。只有牛皋回答道："大哥，我们出去转转，找点酒肉吃，饥寒交迫，没有酒肉可怎么办呀！"岳飞道："昔日邵康节先生有言，'为人可正而不足，不可邪而有余'，兄弟怎么可以这样？"王贵说道："大哥说得很有道理，不过兄弟们没饭吃、没衣穿，无法'正而不足'，还不如'邪而有余'。"岳飞听了，长叹一声："兄弟们不听大哥好言相劝，一点苦都不吃，我也无可奈何。你们得了富贵，也不要与我岳飞相见；如果被人抓走，也不要说是我岳飞的兄弟！"说完，挥动手中枪，扫向马前地上，一股风过，地上出现一道小沟。他说道："众位兄弟，今日岳飞和你们划地断义，各奔前程吧！"众兄弟不以为意："都快饿死了，哪里顾得上这么多，义气若能吃饱饭，谁愿兄弟把情断？"各自打马离开岳家庄。

岳飞见此情景，流下泪来，也无心操演枪马，就牵马提枪回到了家中。到了中堂，放声大哭起来。岳母听见，走出来骂道："就因为我刚才说了你几句，你就哭成这样？"岳飞说，"孩儿不敢！只因为兄弟们做些不法之事，孩儿劝说无用，今天与他们划地断义了。回来想起，舍不得这些兄弟，所以才悲伤。"岳母说："我儿不必伤心，人各有志，且由他们去吧！你虽说好心，却自身难保，又能如何？"

第十二回　刺精忠岳母训子

　　话说牛皋等众兄弟不肯安于贫困，各自散去。岳飞无奈，正在悲伤之际，家里忽然来了一位好汉，进门询问："小弟是来拜访岳飞的，不知道是不是这里？"岳飞说："我就是岳飞，不知兄弟有何见教？"那人听了，拜道："小弟久仰大名，特来学些武艺。如果你没有意见，我们可以结为兄弟，不知哥哥意下如何？"岳飞说："如此甚妙！请问你尊姓大名？多大岁数？"那人说："小弟名叫于工，湖广人氏，今年二十二岁了。"岳飞说道："我比你大一岁，那你就是老弟了！"那人大喜，就与岳飞结为兄弟。

　　结拜以后，于工打开包裹，取出白银二百两送与岳飞，岳飞推辞不下，就进去交给母亲，转身出来。于工说："哥哥有大盘子吗？拿几个出来。"岳飞进屋向妻子要了几个盘子交给于工。于工打开黄色包裹，取出十个马蹄装了一盘；又取出几十粒大珠子，装了一盘；又将一件猩红战袍，一条羊脂玉玲珑带，各盛在盘内；又从胸前取出一封信来，说："大哥快来接旨！"岳飞说："兄弟你好糊涂，你不说这旨是哪里来的，叫我怎么接？"那人说："实不相瞒，小弟乃是湖广洞庭湖通圣大王杨幺的手下，官封东胜侯。真名叫王佐。只因朝廷信任奸臣，劳民伤财，苛捐杂税多如牛毛，老百姓生活在水深火热之中。汴梁失守之后，徽、钦二帝

41

被金国掳去，国家无主。我主公顺应天命，想要收复中原，让百姓安居乐业。他早就仰慕大哥文武全才，特命小弟前来聘请大哥，前往洞庭湖，扶助江山，共享富贵。这些是送给大哥的礼物，请大哥收了。"岳飞闻言大惊："好汉，幸亏你刚才与我结为兄弟。不然我就捉你送官！我岳飞生在宋朝，况且还曾担任承信郎之职，怎能背国投贼？兄弟，你将这些东西快快收了，再不要多说了。"王佐说："大哥，二帝昏庸无道，失去民心，谁人不知？大哥不趁此时建功立业，还待何时？还请三思！"

岳飞说："我岳飞生是大宋人，死是大宋鬼。你口才再好，也难以动摇我贯日凌云的浩气。本想留贤弟暂住几日，既然这样，贤弟快快回去，回复你那主人，这辈子都不要想再请我前去了。难得今日与贤弟结拜一场，他日上阵交锋之际，再与贤弟相会！"

王佐见岳飞正气凛然，无可奈何，只得把礼物收了。岳飞让母亲取出刚才的银子，交还王佐。王佐说："聘礼是主公的，所以大哥可以不接受；这些银子虽然不多，却是小弟的敬意，仁兄不必如此。"岳飞说："兄弟，你想错了。兄弟送给哥哥的，哥哥已经收了。这是哥哥转送给兄弟的，你拿去作为盘缠，如果推辞就不像兄弟了。"王佐一看岳飞态度坚决，也只能收下。拜辞岳飞，仍旧背上包裹，悄然出门，上路回去。

岳母得知儿子不为强盗金银珠宝利诱，不愿去当山贼，就对他说："娘见你不受叛贼利诱，甘守清贫，不贪富贵，是极好的了！但就怕我死了之后，又有那些不肖之徒前来勾引，如果你一时失志，做出些不忠不孝的事，岂不把半世英名毁于一旦？我今日祝告天地祖宗，要在你背上刺下'精忠报国'四字。但愿你做个忠臣，我就是死后，也能安心了！"

岳飞说："母亲说得有理，那就与孩儿刺字罢！"说着话，就将衣服脱下半边。岳母取笔蘸墨，先在岳飞背上写了"精忠报国"四个字，然后将绣花针拿在手中，在他背上轻刺，只见岳飞背部肌肉颤动，岳母问："我儿痛吗？"岳飞说："母亲还没刺，怎么就问孩儿痛不痛？"岳母流泪："我儿！你是害怕做娘的手软，所以才说不痛。"说完，她咬着牙刺了下去。刺完，岳母在岳飞背上刺字的地方涂上醋墨，使字迹永远不褪色。岳飞起身，叩谢了母亲训子之恩，回房安歇。

岳母刺字

第十三回　接圣旨入朝金陵

　　这日，汤阴县县令徐仁带领了众多衙役，抬了礼物并羊酒花红等东西，来到岳家庄叩门。岳飞知道徐县令是个很好的父母官，便请进中堂。徐仁说："贤弟，快排香案接旨！"

　　岳飞暗想：我命中该有这些挫折！昨日王佐叫我接旨，今天徐县令也叫我接旨。现今二帝蒙尘沙漠，朝内无君，必定是张邦昌那个奸贼僭位，来算计我的。他鞠了一躬说："老大人，上皇和少帝都已经北狩①，不知道这圣旨从何而来？说明白了岳飞才敢接旨。"徐仁说："贤弟你还不知道吧，现今九殿下康王从金营逃回，乘泥马渡了黄河，在金陵即位。我手上的圣旨就是大宋新君的旨意。"

　　岳飞听了大喜，连忙跪下接旨。原来圣旨是叫岳飞入朝受职，率兵攻打金兵。岳飞谢恩，双手接过圣旨供在中堂。徐仁说："军情紧急，今日就要动身。我在这里等一下，你将家事料理料理。"岳飞说："既是圣旨，怎么可以延迟！"就请徐仁坐下。岳飞禀告母亲："当今九殿下康王在南京即位，特赐金帛，命徐县尊前来聘召孩儿入朝。今天就要动身，特此拜别。"岳母说："今天朝廷召你，多亏了周先生教导之恩，你去他

---

　　① 上皇和少帝指宋徽宗和宋钦宗，北狩指二人被金兵掳到北方。

的灵位前拜辞。"岳飞领命，就将皇封御酒打开，在周先生灵位前拜奠了，又在祖宗神位前拜奠一番。然后斟了一杯酒，跪下敬岳母。

岳母接酒在手，说："我儿！做娘的今天喝了你这杯酒，愿你此去为国家出力，不要思恋家乡。待你尽忠报国，名垂青史，我就满足了。切记切记！"岳飞道："谨遵慈命！"岳飞辞别母亲，告别妻子儿女，将战马披挂，沥泉枪、湛卢宝剑收拾起来，这才和县令徐仁出发，去金陵见驾。

不过一日，徐仁、岳飞到了金陵。高宗传旨宣召上殿，他见岳飞身材魁梧雄壮，十分欢喜，问节度使宗泽道："岳飞来了，你看封个什么官职好？"虽然岳飞曾经受到宗泽的提携，宗泽也不好意思说就给封个将军吧！遂奏道："岳飞原有个职务，是承信郎。"

高宗说："父皇让奸臣蒙蔽，立功不赏，封的是个虚衔，这怎么能让英雄心服。岳飞，朕现在封你为兵部总制，以后有功，还可以升赏。"

岳飞谢恩，高宗又命赐宴，并将自己亲手画的五幅肖像，取出来与岳飞一幅一幅看过，道："这是金国粘罕弟兄五人的相貌，将军如果遇见了，一个都不要放过！"岳飞道："臣领旨。"高宗又说："现今大元帅张所掌握天下兵权，你就到他的营前听命吧。"岳飞谢恩，辞驾出朝。

来到帅府，参见大元帅张所。张所见了岳飞，非常喜欢。隔天就叫岳飞前往教场去挑选兵马，组建先行军。岳飞选来选去，只选了六百名。元帅见状说道："你再去我的营中挑选一些吧。"岳飞又去挑选了二百名，共有八百名。张所说："难道连一千人都挑不够吗？"岳飞说："就这八百人吧！"元帅遂令岳飞领兵八百，作为第一队先行。张所又问其他人："哪位将军，敢为二队救应？"连问了几声，并无人答应。元帅心想："都这样贪生怕死，朝廷便无人出力了！待我点名，看谁能躲过。"便叫山东节度使刘豫带领本部人马，为第二队先行。张所亲自率领大军，随后就到。刘豫无奈，只得勉强领令，即去整顿人马。

第十四回　青龙山大破金兵

第二天岳飞的结拜兄弟吉青前来投奔，高宗将吉青封为副都统之职，拨在岳飞营前效用。两人见了张元帅。军情紧急，张元帅让岳飞领第一队人马先往鬼愁关去，准备迎敌。

金国四太子兀术听到自己的干儿子康王在金陵即位，任命张所为天下大元帅，聚兵进攻的消息，勃然大怒，马上让金牙忽、银牙忽二位元帅，各领兵五千为先锋。又请大太子粘罕、元帅铜先文郎，领兵十万，杀向金陵！

话说岳飞带着人马到了八盘山，四下细细一看，非常高兴。这里山势曲折，可做埋伏圈，真是以少胜多的好战场。这时探子来报，金兵的先头部队五千人到了。岳飞命令弟兄们在川道两面的石头后、树后、草丛间埋伏好，让吉青前去诱敌，他对吉青说："好兄弟，我知道你很能打，但是只允许败，不允许胜，将金兵带进包围圈里就是你的功劳，哥哥我在这里接应你。"吉青答应，当下带领五十个勇士就冲出去了。正好迎着金兵，对方见吉青一共才几十人，都哈哈大笑。金牙忽、银牙忽说："我以为这南蛮是三头六臂的，原来是个山贼的模样！"吉青并不恐惧："金贼，你们纯粹是跑到中原送命来了！"说完，他手提狼牙棒，上前就打。金牙忽举刀招架，二人就打在了一起。

46

吉青牢记大哥命令，打了几个回合，假装逃走。两员金将见宋兵这么草包，随后就追，三军五千人随后赶来。到了埋伏圈，两边埋伏的宋兵万箭齐发，就将金兵截成两半。两个金兵元帅慌了神，正要寻路退出去，忽听一声大喝："金贼哪里跑？岳飞在此。"却见岳飞骑着白龙马，手里握着沥泉枪，杀了出来。金牙忽赶紧挥刀迎着岳飞厮杀。银牙忽刚想上前帮助，那吉青却又回马过来助战，两员敌将遇见岳飞和吉青，正好是两对，当下就开始对决。

两军对战，山谷里的呐喊声赛过雷鸣。金牙忽以为宋军有几百万，心中一慌，手中的刀就松了，被岳飞一枪刺中心窝，落下马去不动弹了。银牙忽见状吃了一惊，被吉青一棒把天灵盖打得粉碎。这一战杀死敌兵三千余人，个别金兵逃走报信。岳飞割下两个敌军将领的首级，收拾旗鼓、马匹、兵器等物，让人拉去后队大营报功。

当下岳飞休整半日，领兵继续前行，这日又到了青龙山。岳飞骑马仔细观察此山势，最后吩咐扎驻人马，对吉青说："这座山比八盘山更妙。我就在这里扎营，等候金兵到来，杀他一个片甲不留。你去后边营内找刘豫元帅，领取口袋四百个、火药一百担、挠钩二百杆、火箭火炮等物备用。"

等物资到位后，岳飞又分拨二百名人马在山前，做好埋伏。交代吉青说："贤弟，你如果遇见一个面如黄土、骑黄骠马、用流星锤的，就是粘罕，务必要捉住他！如若让他逃走，我就将你送到元帅处军法处置，不可有违！"吉青领令而去。岳飞自带二百兵，在山顶摇旗呐喊，专等金兵到来。

粘罕带领十万人马正向着金陵前进，途中收到消息说，五千金兵与岳飞对战，死伤了一大半。粘罕大怒，带领十万大军，漫天遍野而来。将到青龙山的时候，安营扎寨，准备第二天开战。

在青龙山上，岳飞见粘罕安营扎寨却不来攻打，心想：要是等到明天，敌众我寡，力量悬殊，恐怕难以抵御。便安排好人员部署，只等金兵到了按照计划行事，以炮声为号。自己骑着白马，带着二百勇士，直接往金营里杀去。

岳飞一马当先冲入敌营，高叫："宋朝岳飞来踹营也！"岳飞逢人便挑，遇马便刺，耀武扬威，如入无人之境。小兵慌忙进帐报信，粘罕上马提锤，率领元帅、平章、众将校一齐拥上来，将岳飞围住。这岳飞哪管粘罕是什么金国大太子，只见他骑着白马，远用枪挑，近用剑砍，杀得一片血流成河。这个时候，粘罕火气上来了，岳飞却不杀了，带着二百勇士往外就撒。他一边将沥泉枪收起，一边回头大喝道："金奴，进得来，出得去，才为好汉！你能把你岳爷爷怎么样？"说罢岳飞两腿把马一夹，一口气冲出敌营而去！

粘罕大怒："哪有这等事！一个南蛮都抓不住他，怎么能夺得中原呢？这次我要踏平此山，才能解恨！"随即带兵杀进山谷。后队刚进山谷，却见一声炮响，震得山摇地动。原来是岳飞的信炮响了。两边埋伏的军士火炮火箭打将下来，沿着枯草，燃起火焰。一霎时，烈焰腾空，烟雾乱滚，烧得那些金兵金将无路可逃。

大帅铜先文郎护着粘罕自小路逃生。遇到一个山涧阻住去路，溪水不深，粘罕正催动大队人马渡溪，只见满溪尽是士兵。突然传来一声巨响，可了不得了，却见上游水流湍急一声响亮，却犹如半天天河倾泻。滴溜溜人随水滚，泼刺刺马逐波流。金兵被大水冲跑无数，死伤惨重。

粘罕大惊，慌忙下令寻找别的路径。那些金兵一个个魂飞胆丧，纷纷往另一个谷口逃生。粘罕跟了铜先文郎，骑马往谷口寻路。出了谷口，却被一座山峰挡住去路。仓促之间，粘罕等人发现左边有条小路，于是慌不择路，向前逃去。他们走了没多远，那山上宋军听见下边人马走动，一齐把石块用力推下来。只见大石滚动，横冲直撞，打得金军四处逃窜，死伤无数。

　　铜先文郎护着粘罕，拼命逃出谷口，却看见一条大路。这时已是五更时分了，粘罕从夹道出来，不觉仰天大笑。铜先文郎赶紧凑趣道："吃了这么大亏，您怎么反而笑起来，这是为何？"粘罕说："我笑那岳南蛮虽会用兵，但还是不够聪明。如果在这里埋伏一队人马，我就是插翅也难飞了！"话没说完，只听得一声炮响，霎时火光照耀如同白日。火光中，一位面如蓝靛，发似朱砂，手舞狼牙棒的大将跃马高叫："吉青在此，快快下马受死！"

　　铜先文郎叹道："岳飞果然厉害，我今天要死在这里了！"他灵机一动，想出一个金蝉脱壳之计。他与粘罕互换衣甲马匹兵器，吉青将铜先文郎当成粘罕活捉了回去，粘罕却趁机逃走。

第十五回　马前张保，马后王横

　　话说岳飞在八盘山、青龙山两次大捷，杀敌无数。第二队的刘豫却冒领岳飞军功，报到张元帅处，元帅明察秋毫，得知岳飞在前方拼死杀敌，刘豫却想投机取巧，准备严惩刘豫。被刘豫的儿女亲家曹荣得知，提前通知了刘豫。刘豫趁机放了金将铜先文郎，并逃往金国，在金兀术手下，他被封为鲁王，镇守山东一带。

　　奸贼张邦昌本在金兀术手下做楚王，后见金兵大太子粘罕全军覆没，便做了墙头草，赶忙带了徽宗父子遗留下来的玉玺等国宝，一万铁甲军保了家小出城，奔金陵而来。高宗感念张邦昌献玉玺之功，封他做了右丞相。

　　当朝李太师有个家将叫张保，被太师推荐到岳飞帐下。他初来乍到，看到岳飞的生活用具都非常简朴，吃的饭菜也简单。从仆人口中得知，岳飞天天都吃素，且每到吃饭的时候，还朝北站着，含着眼泪说："为臣在此受用了，不知二位圣上吃了没有！"张保深受感动，决定一生追随岳飞，鞍前马后，忠心耿耿。

　　且说张邦昌送玉玺时，一路上多次假传圣旨。有一次就将一道假旨送到黄河口来召岳飞。岳飞不知有诈，将军营事务再三叮嘱了吉青一番，带了张保，匆匆上马，一路向着京都而来。

一天，岳飞等人走到中途，遇见一座断桥阻住了去路，岳飞便叫张保去找一条船来。张保向河边四下里一望，只见河对面芦苇中，藏着一只小船。张保便把艄公喊了过来。岳飞一看，那人生得眉粗眼大，紫膛面皮，身长一丈，膀阔腰圆，十分凶恶！这位艄公漫天要价，一个人十两，一匹马也是十两。岳飞暗想："这座桥必定是这个人拆断的。"张保道："就依你的价格，渡我们过去价钱照数给你。"

岳飞牵马上船。把马放舱中，自己却在船头上坐下。张保背了包裹，爬到船艄上，放下了包裹，靠着舵边立着。艄公一心打劫，把船摇到河中间，看那张保手中拄着一根混铁棍，自己手中又没有兵器。想了一会，叫道："客官，你替我来把着船桨，我去取几个点心来吃。"张保放下混铁棍，双手把着桨来回摇动。那艄公蹲身下去，揭开船板，嗖的一声，抽出一把板刀来。张保眼快，趁势飞起左脚来，正踢着艄公的手，板刀立马掉入河中。张保再飞起右脚来，艄公看得真切，叫了一声："不好！"说完，他一个背翻身，扑通一声响，跳入河里了。

岳飞在船头看到，便叫张保："要小心他在水里算计咱们！"张保应声："看他能把我怎样！"就把这混铁棍当作划桨一般，在船尾上划。前边船头上，岳飞也把那沥泉枪当作篙子一般，在船头前后左右不住地搅，搅得水里万道金光。那个艄公几番要上前算计，又怕被枪棍打，不敢近前。张保一手摇橹，一手划棍，没过一会儿，竟划到了岸边。岳飞就在船舱里牵出马来，跳上了岸。张保背了包裹，提了混铁棍上岸。那只船上没有了人，滴溜溜在水里打转。

两人上岸走了不到二十步路，只听见后边大叫道："你两个不还我船钱，还要走到哪里去？"张保回头看时，只见那个艄公光着膀子，手中拿条熟铜棍，飞快地赶来。张保把手中混铁棍一摆，说道："朋友，你要船钱，先问问我这棍子肯不肯。"艄公道："谁敢在老虎头上拔毛？普天之下，只有两个人坐我的船不要船钱。除此之外，就是当今皇帝要过此河，也不能少我一厘钱。"

张保道："朋友,你还别说!只怕我要算这第三个!"艄公喊道："你是何人?找打!"说完举起熟铜棍,向张保劈头打来。张保喝声:"来得好!"把混铁棍往上一挡,架住了铜棍,再使个"直捣黄龙势",向艄公心窝里捅来。艄公把身子往右边一闪,刚好躲过,随后使出"卧虎擒羊势",一棍向张保脚骨上扫来。张保眼快,双足一跳,艄公这棍也扑了个空。两个人交上手,对战了十五六个回合。张保只因背上驮着个包裹未曾卸下,动作十分不便,眼看就要输了。

岳飞见张保就要招架不住,便拍马上前一步,举起手中枪往中间一隔,喝声:"停下!"岳飞说:"我问你,你方才说,天下除了两个人不要船钱,你说是哪两个?"艄公说:"当今朝内有个李纲,是个大忠臣,我就肯白渡他过河。另一个是相州汤阴县的岳飞老爷,他是个英雄豪杰,所以也不要他的渡钱。"岳飞说道:"俺正是岳飞,在黄河口防守金兵。今奉圣旨进京,途经这里。不知壮士从哪里知道岳飞名号,竟如此错爱?"艄公听说,撇了棍,倒身便拜,说道:"小人王横早想前来投奔,有眼不识泰山,今日多多冒犯!望岳爷收留,小人愿意跟随左右服侍。"岳飞就让王横回家安顿好,三人一起上京。

王横安顿好家里,背上一个包裹,飞奔赶来。张保见了便说:"朋友,我走得快,岳爷是骑马的,你恐怕赶不上,我把你的包裹帮你背了吧!"王横不以为然:"我挑着三四百斤的担子,一天还能走三四百里路,这点包裹算什么?我看你的包裹比我的还重,不如匀一些给我。"岳飞看着有趣,说:"既这样,我上马先走,你们两个谁赶上,就算谁的本事大。"岳飞快马加鞭,一直跑了七八里才停下。王横、张保两个放开脚步,一口气赶上来。王横刚赶到岳飞马背后,那张保已走过头去了,只比王横多了十来步远,岳飞哈哈大笑:"你们两个真是一对!这就叫作'马前张保,马后王横'吧!"

第十六回　牛皋造反救岳飞

不一日，三人到了京师。刚到城门口，正巧遇到张邦昌的轿子进城，三人被张邦昌拦住，一同进城。刚到午门，已是黄昏时分。张邦昌让岳飞跟着他，让侍从提了灯笼进宫见皇帝。等到了分宫楼下，张邦昌从旁边走了进去，让岳飞在门口等。

此时正逢皇上夜宴完毕，带着几分酒意走到分宫楼下。岳飞见到，上前拜见："岳飞见驾。"内监却叫道："有刺客！"两边太监上前拿住岳飞。高宗非常吃惊，问道："刺客是谁？"内监说："是岳飞行刺！"因张邦昌多次进谗言，圣上心想：前几天宣召岳飞进京，他几次违旨不来；今天却无故暗自进京，直入深宫，图谋行刺，应该处斩！于是高宗传令宫官捉拿岳飞，绑出午门外。

张保、王横见了，上前问道："老爷，圣上为何要将您斩首？"岳飞道："我也不知道！"张保对王横说："王兄弟，你在此看着，不许他们动手，我去去就来！"忙提着混铁棍就走。张保来至李纲门首，不等得叫门，一棍就打进里边。张保是在府中出入惯的，认得路径，知道太师爷李纲是在书房里安歇的，他就一脚将书房门踢倒，走进里边，揭起帐子，扯起太师，背了就走。他走出府门，口中叫道："不好了！岳爷被绑在午门了！"

李太师被张保背着飞跑，颠得头昏眼晕。来至午门放下，李纲一见岳飞被绑着跪在那里，便高声叫道："你几时来的？"岳飞连忙将事情经过一五一十回禀，并请太师在皇上面前辩明此事。李太师就去鸣钟撞鼓，正要朝里面走来。哪里晓得张邦昌这个奸贼已经得到消息，暗暗地将钉板摆在东华门内。李纲一脚跨进，正踏着钉板，大叫一声，倒在地上，满身鲜血。众人来救，但见太师的手足鲜血淋漓，倒在金阶。

早有值夜内监，报知天子奏道："众大臣齐集午门，李太师滚钉板，命在顷刻！请驾升殿。"高宗随即升殿。众文武三呼已毕，平身。高宗看见李太师满身是血，传旨宣太医官调治。李太师奏道："臣闻岳飞武职之官，潜进京师，想要加害我主，其背后必有主使，应该将他关到刑部狱中。待臣病好后，亲自去审问他，查明缘由再问罪也不迟。"高宗准奏，传旨将岳飞下狱。

李太师回到府中，忙让人请刑部官员沙丙来相见，安排沙丙在狱中照看岳飞，等太师病好，又写了一张冤单，暗暗叫人去刻出印版，印了数千张，叫张保、王横两人分头去贴。冤单上写的就是张邦昌陷害岳飞的情由，遍地传扬。不料这个消息一直传到了太行山。岳飞曾经的结拜兄弟"公道大王"牛皋，正在此山为王。这日正值牛皋生日，施全、周青、赵云、梁兴、汤怀、张显、王贵七个亲信，备了礼来祝寿。众人均已到齐，牛皋却说等吉青来了才能开席。正等着，突然戏班子里送过来一张冤单，写着岳飞被人陷害的事。牛皋听了怒发冲冠，生日也不过了，把七个亲信的兵马聚在一起，连同自己手下的共有八万人马，一路下山而来，要到金陵去救岳飞。

高宗传旨下来，命后军都督张俊上阵退敌，张俊带了三千人马出城，被牛皋打败。张俊回奏圣上："臣败阵回城，对方是岳飞的朋友，叫汤怀、牛皋，其手下一班人马犯上作乱，来救岳飞。求主公先斩岳飞，以绝后患。"高宗正在犹豫，这时李纲觐见，建议说："让岳飞先去击退贼兵，再将他定罪也行。"张邦昌这奸贼正想阻拦。李纲又以满门性命担保，高宗这才降旨，命岳飞领兵一千，前去退贼。高宗又查问当日值殿的宫人，才知道岳飞被张邦昌陷害，于是降旨将张邦昌贬为庶民，限四个时辰出京。

岳飞辞驾出朝，披挂上马，带着张保、王横下到教场来，挑选了一千人马，出城过了吊桥。汤怀、牛皋等看见，齐声叫道："岳大哥来了！"各人下马问候："大哥一向好吗?"岳飞大怒："谁是你们大哥！我奉圣旨，特来拿你等问罪！"众人道："不劳大哥捉拿，我们自己绑了，但凭大哥见驾发落问罪就行！"随即各人都把自己绑了，三军尽降，扎营在城外，候旨定夺。探军将战况报至朝中，奏道："岳飞出城，那一班人不战而自绑。"

不多时，岳飞来至午门，进朝上殿，奏道："贼人尽绑在午门候旨。"高宗道："将那一班人推上殿来，待朕亲自审问。"阶下武士立即去将领兵的八个人推进午门。汤怀奏道："小人并非反叛。只因同岳飞枪挑梁王，武场不第，回来又逢米粮贵如珍珠，难以度日，万不得已才走上这条路。况我宋国一年之内无主，文武百官都不知道往何处投奔。如今听闻张邦昌陷害忠良，才兴兵前来相救。见岳大哥无事，我等俯首就擒。愿圣上赐还岳飞官职，小人等情愿斩首，以全大义。"高宗听闻此话，感动得落下泪来，赞道："真是好义士！"传旨给八人松绑，俱封副总制之职，封岳飞为副元帅，降兵编入大军！众人谢恩而退。岳飞带领十万大军，备齐粮草，辞驾出朝。

第十七回　爱华山伏击金兀术

　　大金四太子兀术，领兵三十万，直至黄河，却因担心宋兵的大炮，迟迟没有进攻。奸贼刘豫要了金兀术珍珠宝幡，悄悄潜入两淮节度使曹荣大营，让曹荣叛变献上黄河。金兵从曹荣防区轻松上岸，一下子打了吉青一个措手不及，吉青与金兀术对战失败，急忙逃走。

　　副元帅岳飞领兵十万前来。他靠近皇陵附近的爱华山，细看那四围山势，心下暗想："这是个伏击敌军的好地方！势必要将金兵引到此地，杀他个片甲不留！"这时吉青带领八百儿郎，前来投奔，岳元帅心想："吉青一来，肯定是黄河失守了！"吉青进来，把遭遇金兀术与之对战而逃的事情说了一遍。岳元帅道："先不说别的，我现在就命你去把兀术引到这里，将功赎罪。如果办不到，就不要来见我了。"吉青领令，也不带兵卒，独自出营上马，来寻兀术。

　　岳元帅一边令吉青去引兀术，另一边安排张显、汤怀带领两万人马，弓弩手两百名，在东山埋伏。但听炮响为号，摆开人马捉拿兀术。又令王贵、牛皋带领两万人马，弓弩手两百名，在北山埋伏，吩咐道："此处乃进山之路，等兀术来时，让他人马进了谷口，听炮响为号，将空车装载乱石塞断他的归路，不可有违！"又令周青、赵云领兵两万，弓弩手两百名，在西山埋伏，炮响为号，杀将出来，阻住兀术去路。又命施全、梁兴领兵两万，弓弩手两百名，在正南上埋伏，号炮一响，一齐杀出，阻住兀术去路。又分拨军兵五千，守住粮草。岳元帅自领一万五千人马，同着张保、王横，占住中央。分拨停当，专等兀术到来。

吉青往大路上走去，去找兀术。忽听前边马嘶人喊，渐渐而来，却是兀术领着一群人马前来。吉青把马打上一鞭，赶上前来，大叫："兀术，快拿头来！"兀术见了，便道："你这杀不死的南蛮，怎么又来送死？"吉青道："臭狗奴！昨夜是老子醉了，才让你侥幸取胜。如今我已醒了，不能就这样算了！"兀术大怒，抡斧就砍。吉青使棒相迎。二马相交，战不上几个回合，吉青败走。

吉青在前，兀术在后，眼看就要追到爱华山，吉青一马转进谷口去了。军师哈迷蚩道："狼主，我看这蛮子鬼头鬼脑，恐怕真个有埋伏，咱们回营去吧！"兀术道："这是那南蛮怕我追他，故意说有埋伏吓我，而且这里是去往金陵的必经大路。待我先去看看，你随后带大军过来。"兀术带领众军，追进谷口，只见吉青在前边招手道："来，来，来！我与你战三百回合。"说罢，往后山去了。

兀术进去，只见山谷中间宽，四面都是小山环抱，没有出路，心中惊道："现在我已经进来了，如果被南蛮截住归路，如何是好！"正欲转马调头，只听得一声炮响，四面响起呐喊声，竖起无数旗帜，犹如一片刀山剑岭。那十万八百儿郎团团围住爱华山，大叫："休要放走了兀术！"只吓得兀术魂不附体！

但见帅旗飘荡，一将当先：头戴银盔，身披银甲，内衬白罗袍，坐下白龙马，手执沥泉枪，隆长白脸，三绺微须，膀阔腰圆，十分威武。马前站的是张保，手执混铁棍；马后跟的是王横，拿着熟铜棍。威风凛凛，杀气腾腾！

此人不是别人，正是大宋兵马副元帅岳飞。兀术拍马摇斧，直奔岳飞，岳飞挺枪迎战。枪来斧挡，斧去枪迎，真个是：棋逢敌手，各逞英

岳飞大战兀术

雄。两个杀做一团，输赢未定。

却说那军师哈迷蚩飞马回报大营，恰遇着大狼主粘罕、二狼主喇罕、三狼主答罕、五狼主泽利①，带领众元帅及平章等，率领三十万人马，正在跟寻下来。哈迷蚩就将吉青引战，四狼主今已杀入爱华山去说与众人。粘罕带着人马，往爱华山而来。

山上牛皋远远望见，便对王贵道："王哥，只有一个金将在这里边，大哥一个人就够了。你看下边有许多金兵来了，我们却闲在这里，不如把车推开了，咱们下去杀他一个快活何如？"王贵道："说得有理。"二人就叫军士把石车推开，领着这二万人马，飞马下山来迎敌。

岳元帅与兀术交战到七八十个回合，兀术招架不住，被岳飞钩开斧。只见岳飞拔出腰间银锏，正中兀术肩膀。兀术大叫一声，掇转火龙驹，往谷口败去，见路就逃。奔至北边谷口，正值那王贵、牛皋下山去交战了，无人挡阻，竟让兀术逃下山去。元帅查问明白，传令众弟兄，各自领兵下山接战。一声炮响，这几位凶神恶煞的军爷，引着十万八百常胜军，蜂拥一般，杀入金军阵内。

这一场大战，杀得那金兵大败亏输，望西北而逃。岳元帅在后边催动人马，急急追赶，直杀得尸横遍野，血流成河。兀术逃到黄河边，被黄河阻住，后边岳军又呐喊追来。兀术心道："这次是真的没命了！"正在危急之际，遇到了鲁王刘豫与曹荣，这二人被张所打败，驾着战船逃到这里。兀术此时因祸而得福，但是偏偏又遇着横风，船一时靠不了岸。

眼看岳飞的军队马上就要赶到，兀术非常惊慌。忽见芦苇丛里一只小船摇将出来，艄上一个渔翁独自摇着橹。兀术叫来渔翁，许下重金，

① 狼主也指当时金国的诸位领兵皇子。大狼主即大太子粘罕，二狼主即二太子喇罕，三狼主即三太子答罕，四狼主即四太子兀术，五狼主即五太子泽利。后文还有老狼主，即完颜阿骨打。粘罕是完颜阿骨打的侄子，兀术是他的儿子。其余三人未见史料明确记载，可能是《说岳全传》里杜撰的人物。

叫渔翁载自己过河。那渔翁把篙一点，小船已离岸有几里。兀术回头看那些刘豫、曹荣的战船，才刚刚摆到岸边。队伍里的军士争抢着上船逃命，四五十号大船都装得满满的。为了争抢上船，好多人掉下水去，被淹死的不计其数。其中一条船装得太重，才至河心，一阵风，骨碌碌沉了！还有岸上没有上船的士兵，被宋兵杀死，尸骸堆积如山。

兀术正在悲伤，没承想，救走他的渔翁却是梁山泊后代阮良。阮良等在此地捉拿兀术，就是想为新君送一份大礼。阮良亮明身份，一个翻筋斗，扑通一声跳下水去了。兀术本是北方人，只会骑马，不擅驾船，又不识水性，正不知如何是好。阮良在船底下双手推着，把船往南岸上送。兀术慌，大叫："军师！快来救我！"军师看见，忙叫："小船上兵卒并到大船上来，快快去救狼主！"

阮良听得有船来救，浮出水面来一望，趁势两手扳着船把小船弄翻，兀术翻入河中，却被阮良连人带斧两手抱住，阮良两足一蹬，戏水如游平地，擒着兀术往南岸而来。岳元帅在岸上，看见阮良在水中擒住了兀术，心中好不欢喜，军中众将士也个个雀跃。

阮良擒住了兀术，将近南岸。那兀术怒气冲天，睁开二目，看着阮良，大吼一声。阮良慌忙抛了兀术，往水底下一钻。正好敌兵驾着小船赶到，救起兀术，过河直抵北岸。众将上岸，回至河间府，拨兵守住黄河口。兀术从未如此打过败仗，派人回去报信，调动大队人马，准备再与岳飞决战。

第十八回　岳飞单身探贼营

再说南岸岳元帅见兀术被敌兵救了去，叹了一口气说："这也算是天意了！"阮良上岸来拜在岳飞麾下。并为本次立功将士上奏，候旨封赏。

一日，元帅正坐营中与诸弟兄商议，计划打造战船渡河，杀到金兀术老巢去，迎请二圣还朝。忽报有圣旨到，言太湖水寇猖狂，加升岳飞为五省大元帅之职，命他领兵下太湖剿寇。岳元帅急忙通知另一守将张元帅，安排人把守黄河。又命牛皋、王贵、汤怀、张显四将率领一万人马先行，自己整顿粮草，随后即来。

牛皋先到平江府，在离城十里的地方安下营寨，独自一个骑着马出营，在外转了一圈，只见百姓都已逃亡，只剩下一些空房子，很荒凉。他随即找到平江府，命平江太守送些酒肉到大营。平江太守陆章送来酒肉，说起太湖贼匪："太湖面积有三万六千顷，共有七十二座山峰。中间有两座高山：东边是东洞庭山，西边是西洞庭山。贼寇扎营在东山，西山是屯粮草的地方。贼匪有五六千人和四五百艘船。贼首叫杨虎，元帅叫花普方。这些贼匪仗着水面上的本领，打败太湖守军，口出狂言，要夺宋朝天下。"汤怀道："放心！金兀术五六十万人马，也被我们杀得抱头鼠窜，何况这样小寇？你只需把船只、水手准备齐全。我们明日就移营到太湖边防守，等元帅到了就开兵。"

第二日，汤怀等四将拔寨起行，到湖边安下营寨，到了夜间，安排驾小船在太湖边巡哨，以防贼人劫营。这时正是中秋前后，牛皋吃了些酒，坐在船头上，看着月色明朗，就强命水手把船摇到湖中间去巡哨。

忽见上游来了一只三道桅的大战船，牛皋刚要起身，不料船小身重，摇晃间两只脚有些软。大船趁着风顺水顺，撞向牛皋的船头。牛皋站不稳，扑通一声跌落湖心。那战船上元帅花普方见状，跳下水去，捞起牛皋用绳索捆了，调转船头押往山寨而去。

花普方擒了牛皋后禀报杨虎，杨虎劝牛皋降顺，牛皋不肯。花普方和牛皋一见如故，结为兄弟，又劝牛皋归降。牛皋对他说，岳飞大哥是天下无双的好汉，一班弟兄都是英雄。他们马上就要起兵攻打金兵老巢，恭迎二圣还朝。跟着他干，将来封妻荫子，万古扬名。而杨虎不过是个无名草寇，难成大事。花普方原来一心想要劝牛皋归顺，不料反被牛皋劝动了。

不日，岳元帅率领兵马来到太湖，汤怀等出营迎接，将牛皋醉酒被抓之事禀告。岳飞思量片刻，定下一计。次日，岳元帅写好战书，扮成汤怀的模样，带着张保、王横，来到敌营下战书。杨虎看过战书，当下就在原书后批写："准于五日后交兵。"正要交还战书，一抬头，觉得这个汤怀就是那年在武场内枪挑梁王的岳飞。就暗暗差人到监中，把牛皋带来。牛皋早被张保探营时交代过，见了岳飞后，叫道："原来是汤怀哥！你回营去对岳大哥说，让他捉拿这逆贼，给我报仇！"杨虎这才相信来人不是岳飞，放他们归营。

正在半途，不凑巧又遇到了花普方回营，怀疑下战书的就是岳飞。他驾驶一只三道桅的大船，扯满风篷追来，立在船头上，大叫："岳飞你跑哪里去！俺花普方来也！"岳飞回头见来船将近，叫张保取过弹弓来，喝道："花普方，让你见识一下本帅的神弹！"一面说，他一弹正打在桅杆上的溜头里，把大船的风篷索塞住。那风篷上不得，下不得，把整个船横转过来。岳飞又唤王横，取过火箭来，又叫一声："花普方，再让你见识一下本帅的神箭！"他嗖嗖连射了三支火箭，那篷上霎时火起，烧了起来。岳飞又叫："花普方，本帅这一弹，要打你左眼珠！"花普方吓得魂飞胆丧，往后乱跑，并叫军士砍倒桅杆。这下救火都来不及，花普方哪里还敢追过来。

岳飞安安稳稳回到营地，心想："贼势猖獗，且在湖水中央，若坚守不出，一时怎么才能打败他？"他正在和兄弟们讨论，忽闻有两个渔户求见，只见那二人眉粗眼大，膀阔身长，是兄弟俩，哥哥叫耿明初，弟弟叫耿明达。兄弟二人与杨虎打过几仗，杨虎本领高强，耿氏兄弟打不过他，他却也赢不了兄弟二人，就与他俩拜了把子，允许他们在太湖捉鱼。杨虎几次邀请二人入伙，他俩均以家中老母为由，拒绝入伙。如今听说岳元帅来征剿太湖，特地前来投在麾下。

岳元帅将耿明初、耿明达收入军中，又与之结为兄弟。耿明初、耿明达对杨虎的实力非常了解，告诉岳飞："杨虎水里本事好，岸上陆战却不行。手下只有元帅花普方、先行许宾两个人厉害些，其余也都很平常。但是他有四队兵船十分厉害，所以官兵也打不过他。"岳飞问道："什么兵船，有多厉害？"耿明初说道："他第一队有五十号人，叫作'炮火船'。船上四面架着炮火，交战时把火点着，一齐施放起来，很难抵挡。第二队叫作'弩楼船'，也有五十号人。船头船尾都有水车，四围用竹笆遮护，军士踏动如飞。那船面上竖立弩楼，弩楼上用生牛皮做成挡牌，军士在上面放箭。弩楼下军士用挡牌护体，各执长刀砍人。第三队也有五十号人，叫作'水鬼船'。船内'水鬼'都是在漳州、泉州等近海地方聘请来的，他们在水底下可以潜伏七日七夜。交战时，那些'水鬼'跳下水去，将敌船船底凿通，灌进水去，船就沉了！若能解决掉这三个船队，第四队杨虎自己率领的战船就不足为虑了。"

第十九回　袭洞庭杨虎归降

　　岳飞向耿氏兄弟打听完杨虎军中情况后，定下计策。次日，岳飞安排耿氏弟兄，照原来的打扮，假装前去投靠，等到开兵的时候，请求让他俩看守山寨。等杨虎出兵后，先放了牛皋，然后捉拿杨虎家眷，再将他的金银财帛收拾好，放火烧了山寨。二人领命前去。

　　两弟兄到了山寨拜见杨虎，杨虎果然没有怀疑，将他们安排在军中。岳飞一边安排平江知府去准备粗细竹子和麻绳。又扎造了木排，置办生牛皮做成棚子、遮箭牌等物件。又向城内各大户乡绅家借棉被数千床，放在船上，防避弓箭火炮。又画成图样，叫铁匠照图纸打造倒须钩子、三尖小刀备用。一边又安排汤怀、张显将短板扎在笆斗上，令士兵站在上边，在浅滩水上习练，名为"笆斗兵"。待日后站在船上，迎风走浪，就再也不怕了。再安排施全带领船匠，将毛竹片密钉船底，下边安排倒须钩、三尖刀，施全领令去了。

　　过了四五日，杨虎下书催战。岳飞推辞有病，暂缓数日。直到岳元帅料理停当，才择日出兵。三军齐至水口，发炮下湖。一行木排，夹着一队小船。船队前一带皆是竹城，用绳索穿就溜头。若将绳子一扯，竹城就睡倒；将绳一放，那竹城依然竖起。众兵将都站立木排上，呐喊而来。杨虎得到消息，即命先行许宾率领"炮火船"，元帅花普方率领

64

"弩楼船"，水军头领何进率领"水鬼船"，自己率领大战船，亲自督阵，与岳飞交战。耿氏二兄弟自请在后方守卫山寨。

杨虎上船，放炮开船。那岳元帅众兵经过训练，在木排上行走犹如平地一般。那许宾驾的第一队"炮火船"，一看见岳家军就放起火炮。岳元帅将红旗一招，众兵将躲进小船，将竹城放倒遮护，停住不行。但听得炮声不绝，那炮子打在竹城上一片声响，却都溜下水去了。放了一会，听得炮声不响，众将仍旧竖起竹城，又呐喊杀来！这一队"炮火船"两路分开，一声鼓响，第二队"弩楼船"随即跟上，万弩齐发！岳元帅又将红旗一招，照旧放倒竹城。只见那王贵将草船放出，一齐将水草推下湖去。那"弩楼船"上水车被水草塞住车轮，再也踏不动，船好似被钉住一般怎么也动不了。王贵立刻率领众军跳上"弩楼船"，逢人就砍。众喽啰哪里敌得住，有的被杀，有的下水去了。王贵吩咐众军士一齐动手，把炮连架子都推下湖去。花普方赶来救护，王贵已经下了小船，与岳元帅合兵一处了。那第三队"水鬼船"，见前面两队火炮弩箭都不得成功，便令众"水鬼"齐齐下水。元帅见了，也把红旗一展。阮良手提着两把泼风刀，带了几个会水的军士，扑通跳下水去。那些"水鬼"趴在船底下，想凿船底。可那些船底下都被竹片钉着，哪里凿得透？"水鬼"反倒被倒须钩钩住，或者碰着三尖刀被割伤。阮良同这几个会水的军士见一个杀一个。敌军的"水鬼"水性虽好，却不会厮杀，哪里挡得住阮良这些好汉。敌军看见水面上不停地冒出红来，却不见岳家兵船沉下去，才知道又着了道。杨虎只得催动战船，来与岳飞决战。

这时，山寨满山红焰，火势滔天，却是耿家弟兄放出牛皋，劫了山寨，四面放火。杨虎大怒，催动战船，刀枪兵器如雨点一般杀来。王贵手起刀落，将许宾砍下水去。汤怀、张显跳上"弩楼船"，齐战花普方。花普方跳下湖，划水逃到岸上，往湖广方向投靠杨幺去了。"水鬼船"上的何进被王横一铜棍打死在湖内。

杨虎在水中自然斗不过阮良，逃往西边上岸，想去投靠混江王罗辉、静山王万汝威，借兵报仇。逃了一夜，杨虎到了无锡大桥边。周青、吉青、赵云、梁兴四将一齐杀出。可怜杨虎杀了一日，走了一夜，人困马乏，哪里战得过四将？又听得前面炮声响起，杨虎以为这次在劫难逃，正要自刎，忽听得前边河内叫道："杨将军！你母亲在此，快来相见！"杨虎举目看时，只见水面上一二十号小船，齐齐摆列两岸。中间三号大船，岳元帅站立船头，左边张保，右边王横，好似天神一样。

岳元帅高叫："杨将军！你母亲、妻子都在这里，还不投降？"杨虎的母亲从船舱里钻将出来，喝道："逆子！我们一家承蒙元帅不杀之恩，你还不下马拜降？"杨虎见了，慌忙跳下马来，撤了刀，跪在岸边，说道："感谢元帅的大恩大德，杨虎情愿归降。"元帅安排杨虎及他手下众喽啰，到了洞庭山，与耿氏兄弟、牛皋相会，一同回至平江，安抚地方，拔寨起行。

等到了金陵，将战况禀告天子，高宗大悦，对岳飞及手下众将士记功升赏。又令岳飞统领大军，去征剿鄱阳湖水寇。

岳飞领旨出朝，点牛皋带领人马五千，为前队先锋；王贵、汤怀带领五千人马，为第二队；自己同众将在后进发。牛皋挂了先锋正印，好不得意，领着人马一路到了湖口。到了总兵谢昆营地，听谢昆说："鄱阳湖内有座康郎山，山上有两个大王，大头领叫罗辉，二头领叫万汝威。他们手下雄兵猛将很多。内中有个元帅，叫作余化龙，十分厉害。"牛皋让谢昆准备粮草前来接应，再派一个小兵领路，从旱路前往康郎山去迎敌。

第二十回　苦肉计智取康郎山

　　牛皋领兵来至康郎山，才一交手就被余化龙打败。次日，王贵兵到，同汤怀安营在湖口。过了两天，岳元帅大队赶到，谢总兵和汤怀、王贵上来迎接。岳飞即命谢总兵准备粮草，又吩咐众将，齐往康郎山旱路去。走到二十多里路，遇见牛皋前来迎接，牛皋将与余化龙的战况说了一遍。

　　那边两个大王仍命余化龙下山迎战。岳元帅命众将士一齐放箭，坚守营寨，不与他交战。余化龙回山上奏二位大王："岳飞今日不肯出战，今晚肯定由水路来抢山，旱寨空虚。我们可以将计就计，二位大王守水寨，臣领兵去劫他的旱寨。"两个头领依计而行。到了二更时分，余化龙领兵悄悄下山，一声呐喊，杀入大营，营内空无一人。余化龙知道中计了，马上往回走。但听轰隆一声炮响，四下里齐声呐喊，众喽啰拼命逃奔，自相践踏，反伤了许多兵卒。岳飞这边却不曾折损一人。到了黄昏时候，岳飞换了随身便服，带了张保一人悄悄出营。

　　岳元帅带着张保查看完地形，回营后对众弟兄说："康郎山前靠邵阳湖，山势险峻，咱们虽然人多，但一时也攻不下来。余化龙武艺高强，明天我与他交战时，你们只可旁观，不可助战。等我收服了他，攻下此山不在话下！"

　　次日，岳元帅齐集众将，出了营门，带领大军直抵康郎山下。余化龙闻报，下山迎敌。岳元帅立马阵前，说道："我看将军仪表堂堂，有抱负、有才能，为什么不做国家栋梁，却甘做绿林草寇，残害良民、荼毒生灵！"说得余化龙羞惭满面，无言可答，只能放狠话："我不与你费口舌，你能打得过，我就降你；你要是打不过我，你就来归降我主上。"岳飞说道："一言既出，驷马难追。不许派人助战，刀对刀，枪对枪，不许暗算，否则就不算好汉。"余化龙说声："妙啊！这才是好汉！且与你战三百回合看。"说罢，就举虎头枪来战岳飞。岳飞把沥泉枪一摆，二马相交，双枪并举。这一个似雪舞梨花，那一个如风摆柳絮。来来往往，战有四十个回合，不分胜败。

一连约战三天，到第三天午后，两人还不分胜败。余化龙有些着急，将岳飞引至山后边，暗暗取出金镖，扭转身躯，喝声："着！"一镖打来，岳飞把头往左边一偏，这镖打了个空。余化龙又发一镖打来，岳飞往右边一闪，这一镖没打着。余化龙一着急，籁的一声，又将第三枚镖向岳飞心窝里打来。岳飞伸手接住了金镖，又就将手中镖向余龙化头上打来。余化龙一手接住，又向岳飞打来。

两个人打来打去，正好似织女穿梭一般。岳飞一声喝，一镖打来。余化龙一时不防，被岳飞一镖将坐马项下的挂铃打断。那马受了惊，跳了起来，把余化龙掀翻在地。岳飞跳下马来双手将余化龙扶起，对他说："余将军，这马没有临过大阵，请换了再来决战。"余化龙满面羞惭，跪下道："元帅真是天神！小将情愿归降，望元帅收录！"岳飞说道："将军如果不弃，我与你结为兄弟，同扶宋室江山。"二人就撮土为香，对天立誓。岳元帅年长为兄，余化龙为弟。

二人商量好了一个计策，又假装对战，岳飞大叫："众兄弟，我被奸贼打了一镖，你们快来助战！"汤怀、张显、王贵、牛皋等众将一齐上前。余化龙略战几回，寡不敌众，败回山去，对两位大王报告说，因对方人多吃了败仗。两位大王决定第二天亲自出马打败岳飞。

岳飞大战余化龙

岳飞收兵回营，忽有探子来报："金兀术差元帅斩着摩利之领兵十万，攻打藕塘关，驸马张从龙领兵五万，攻打汜水关。十分危急，请令定夺！"岳元帅心中好不纳闷，对众将道："湖寇未平，金兵又到，这可怎么办？"大家都没啥好办法。这时杨虎上前自荐，说他与万汝威有一拜之交，愿意前去劝降。万汝威听杨虎想让他归降，勃然大怒，吩咐左右，将杨虎推去砍了，被余化龙劝住，为全往日情义，只将杨虎赶下山去。

杨虎抱头鼠窜，才回到军营。没想到岳飞却怀疑他归顺了贼寇，将杨虎打一百军棍。杨虎回到自己营中，思前想后不明白："元帅打我几下没关系，但是也应该问明原委才是，怎么糊里糊涂地冤枉我？"正在懊恼，接到了元帅送来机密信件，杨虎一看这才明白。当晚五更悄悄出了营门，上马加鞭，独自一人往康郎山来。

等到了山前，天色已经大亮了。杨虎上山求见万汝威，跪下哭道："真后悔没听大王的话，这次几乎丢了性命！那岳飞派我来游说大王归顺，却怀疑我投靠大王，回去狠狠打了我一顿，我心有不甘，今天逃到这里，希望大王看在咱们结拜的分上，为我杨虎报仇。"万汝威让军士查看杨虎的伤势，果然打得非常凶狠。万汝威虽然也怀疑这是杨虎的苦肉计，但被杨虎一番自刎的举动打消了怀疑，就命余化龙安排杨虎去养伤，同时准备酒菜款待。

余化龙暗想："杨虎朝秦暮楚，真是个反复小人。"便嘲讽他："将军前几天来劝我们投降，怎么今天自己反而投降了我的主上？真是凡事不可预料啊！"杨虎说道："将军不知，杨虎这次来，为的是顺天时、结好汉，镖打穿梭的结义兄弟啊！"余化龙听这话，大惊失色。私下询问之后才知道，这杨虎是岳元帅派来帮助自己的。

岳元帅给山贼下了战书，率领大军直至康郎山下，三声炮响，列成阵势。罗、万两个头领也率领众喽啰下山，将队形摆得齐齐整整。又是一声炮响，岳元帅骑在马上，立于阵前，罗辉、万汝威也骑马出来，余化成、杨虎跟在后面。牛皋见了杨虎，用手指着骂他："你这不讲义气的匹夫，今天我一定要杀了你！"万汝威拍马上前一步，叫阵："岳飞，你空有一身本事，却不识天时！宋朝气运已尽，你又何苦费劲保着昏君？"岳元帅说道："你们二位要是及早归降，可以保你一家老小的性命。如若执迷不悟，马上就要了你的狗命！"罗辉大怒："谁来给我拿下岳飞？"余化龙说道："我来拿他！"拿起手中长枪，一枪将万汝威刺死在马下。杨虎手起刀落，将罗辉砍为两段。岳飞下令众将士一齐上山，砍的砍了，逃的逃了，愿投降的齐齐跪下。

　　第二日岳元帅升帐，令牛皋带领本部五千人马，为第一队先行，连夜前去增援汜水关；余化龙、杨虎二人领兵五千，为第二队救应。将士们起兵往汜水关进发。余化龙、杨虎夺回汜水关，牛皋误打误撞，喝醉酒去攻打藕塘关，居然大获全胜。

第二十一回　岳家军踹营救吉青

　　岳飞占据了藕塘关，阻住了金兀术进军道路，金兀术派大太子粘罕带领十万人马，去攻打藕塘关。岳飞得到消息，随即令军政司点兵四队，每队五千人。命周青领一队，在正南上下营，保护藕塘关；赵云领一队，在西首保关；梁兴领一队，在东首安营；吉青领一队，在正北救应。岳飞与其余将士，守住中央大营，以备金兵进攻。

　　且说粘罕安营扎寨后，心想："上回在青龙山，我有十万人马，未曾提防，被岳南蛮单人独马踹进营来，杀个措手不及。今天如果这蛮子再冲进来，岂不是又受其害？"就暗暗命小兵在帐前掘下陷坑，两边埋伏下挠钩手，以防岳飞再来偷劫营寨。粘罕又挑选面貌相像的士兵，伪装成自己的模样，坐在帐中，点着蜡烛，假装看书。

　　正北营中吉青晚上巡哨，一时冲动，就自己骑着战马，带着狼牙棒，前去踹营。这下掉入粘罕的陷阱，被活捉到了粘罕面前。粘罕吩咐叫小元帅金眼郎郎、银眼郎郎领兵一千人，将吉青押上囚车，连军器马匹，一齐送到四狼主那边去。

　　吉青被擒，天亮后北营军兵过来禀报岳飞才知道，急传令合营众将，命令分头去乱踹金营，营救兄弟吉青。当时大营中汤怀、张显、牛皋、王贵、施全、张国祥、董芳、杨虎、阮良、耿明初、耿明达、余化龙、岳真、孟邦杰、呼天保、呼天庆、徐庆、金彪，并东西南三营内梁兴、赵云、周青等一班大将都招呼来了。岳元帅亲领着马前张保、马后王横，几十员大将各带精锐军兵一齐冲去金营。

岳飞众将带兵前来，却见金兵分为左右，让开大路。岳飞暗想："金兵让路，必有诡计。"传令众将分作四路，左右抄到他后营而入。一声炮响，四面八方，一齐杀入，横冲直撞。金兵抵挡不住，往前一拥，俱跌下自己挖的陷坑里，把陷坑填得满满的，听凭宋兵宋将东冲西突。军师哈迷蚩带领众元帅、平章分兵左右迎敌，哪里抵挡得住这些凶猛的勇士！

岳家军横冲直撞，两家混战，士卒如云。个个威风凛凛，人人杀气腾腾。兵对兵，将对将，各分头目使深机；枪迎枪，箭迎箭，两下交锋乘不意。直杀得翻江搅海，昏惨惨冥迷天日；真个似拔地摇山，渐索索乱撒风沙。

粘罕一见大事不妙，大呼撤退。金兵还没有进攻，却被宋军几十员大将带领精锐军兵打败，死者不计其数。

这边粘罕派出去押送吉青的人马正在往北而行，却被张叔夜的公子张立看见。张立的父亲张叔夜曾任河间府节度使，在金兀术进攻河间府时，假降金兵，保全了一城百姓，之后见二帝被擒，自愧不能为国出力，自刎而死。张立与其兄张用在外避难，兄弟分散。哥哥落草为寇，弟弟盘缠用尽，流落在江湖上，只得乞讨度日。

张立问明押送的人是宋军的大将军吉青，也不多话，举起棍子，上前就打。金兵没想到张立长得跟个叫花子似的，却如此凶横，没有防备，竟然吃了亏。张立赶上囚车，一口气打死两员金将。吉青一见有人来救他，大喜。两膀一挣，双脚一蹬，那囚车早散架了。从身边金军小兵手里夺了狼牙棒，上了战马，那气势如下山虎、出水龙，谁能阻挡？

附近猿鹤山上有一群强盗，领头的是诸葛英、公孙朗、刘国坤、陈君佑，拥有四五千喽啰兵。这一日得知金兵败过来了，当下带着飞虎岭上的喽啰兵，杀下山来，很快就将金兵全部杀完。吉青随后赶来，因为长相凶恶，不像好人，被四个山大王当作金兵大将，一下子围住了，四般兵刃齐上，吉青抵挡不住。

张立这时候赶过来，见四个好汉在打吉青，就上前帮忙。正战得难解难分，没想到粘罕被岳元帅杀败，也正向这条路上逃过来，看到有兵阻路，只得拣小路爬山越岭，四散逃命。岳元帅带领众将追至猿鹤山下，粘罕等一伙金兵都不见了，只见吉青同一破衣服的大汉与四将交战。牛皋、王贵见状，二话不说就上前助战。岳元帅见这几位都是好汉，尤其破衣大汉十分骁勇，况且吉青也没有遇害，心下好生欢喜，便催马上前，高声喝问："你们是何人，胆敢阻拦本帅的人马，放走金兵？"四人听见了，忙叫："大家停手！"八个人各个跳出圈子来。

四个人看见岳元帅的旗号，慌忙跳下马来，走到岳飞面前跪下道："小将诸葛英、兄弟公孙郎、刘国绅、陈君佑，共是四人，在此猿鹤山落草为寇。本是来杀金兵，不想遇到这位将军，误认他是金将，故此冒犯了元帅。"岳元帅道："将军们请起！我想绿林生涯终归不是正道，现在国家正在用人之际，你们要是归降朝廷，共扶社稷，岂不是更好？"四人归顺，拜在元帅旗下。

岳元帅看见那位破衣大汉站在路旁，就问他："你是什么人？为什么帮我们与他们交战？"张立含泪介绍，自己是前河间府节度使张叔夜之子，父母双亡、兄弟走散，无奈流浪江湖，又将这次前来投奔岳元帅，却因看走眼错打粮草营头，随后打散金兵，救出吉青，又帮吉青与四位好汉大战之事禀明。岳元帅问明情由，想这张立是忠臣之子，此次又立下功劳，于是决定上报天子将其授职录用。

元帅将山寨降兵并作一队，一齐发炮回关，原在大营前扎好屯营。又与那四人拜了朋友。只有张立是晚辈，不便与他结拜。

第二十二回　栖梧山收降何元庆

一日，又有圣旨来，命岳元帅去汝南一带，征剿曹成、曹亮等贼寇势力。元帅接过了旨，命牛皋带领本部人马先至茶陵关，等元帅带领大军到后再开拔。元帅又命汤怀、孟邦杰两人，送粮草到军前备用。又命谢昆再去催粮接应。隔了两日，元帅诸事安排妥当，大兵拔寨起行。

到了茶陵关，张立说服投靠曹成的哥哥张用归降，献了茶陵关。张用又将贼寇的用兵情况向岳元帅做了介绍。告诉元帅想攻破栖梧山，必须打败何元庆，别的不足为虑。

湖口总兵谢昆奉岳元帅之命，前去押运粮草，途中，被董先及手下四兄弟陶进、贾俊、王信、王义拦截。小将张宪打败董先，救下粮草。岳爷将张宪及董先等人收入麾下。

岳元帅兵精粮足，开拔栖梧山，准备收复山寨，增加抗金力量。行军离栖梧山十里，安下营盘。岳飞亲自带兵三千，来至山下讨战叫阵。何元庆披挂整齐，杀气腾腾下山迎战。岳飞抬头观看，见那人头戴烂银盔，身披金锁甲，手拿两柄银锤，坐下一匹嘶风马，威风凛凛，相貌堂堂。岳飞老远看见，赞叹不已，心道："这个何元庆不凡，武艺绝对不错。若得此人协助，何愁金兵不败。"岳飞说道："何元庆，还不下马归顺本帅？"何元庆说："本帅倒是愿意投降，但是却有两员家将死活不愿意，我也无奈。"岳飞不知何元庆是什么意思，说道："将在外，君命尚且有所不受，你是将军，却要给家将牵制，这倒奇怪？"何元庆道："元帅有所不知，他俩自幼跟我，寸步不离，岂能不要兄弟而去归降别人？此事万万不可。"

岳飞劝道："你那两位家将是什么人，叫出来让本帅见见，劝他们归顺怎么样？"何元庆大笑道："岳飞，我这两个家将很厉害，个个都是万夫不当之勇，未必肯听你的话。你如果非要见他们，不要吓坏了。"那何元庆说完了，举起一对溜银锤，道："岳飞，这就是我的两个兄弟，你问问他们肯降不肯降。他们要是肯降，我何元庆没说的，他们不开口，你就不要妄想了。"岳飞这才知道给何元庆戏耍了，大怒道："好匹夫，百万金兵，闻我之名丧胆溃败，望风而逃，我堂堂扫北元帅，怎会惧怕你这山贼草寇？本帅听闻你是个好汉，这才好言相劝，你竟敢阵前戏弄本帅，不要走，且吃本帅一枪。"说着话，一夹白龙马，掣沥泉枪，这就杀上来了，往何元庆面门就刺。

枪挑锤，好似狻猊舞爪；锤架枪，浑如狮子摇头。这一场大战，真个是棋逢对手，将遇良才。打了上百回合，竟然不分胜败。何元庆的双锤架住岳飞的神枪，道："今日难分输赢，本帅饿了，要回去吃饭，明日再与你战罢！"岳飞道："好，让你多活一晚，明日取尔性命，早来领死。"双方各回各营。

岳飞回营，召集诸位将军道："这个何元庆未定输赢，却忽然收兵，估计今晚想来偷袭。"命汤怀领军在大营门首前后左右挖掘陷坑，再命张显、孟邦杰率领挠钩手埋伏于陷坑左右，准备擒拿何元庆。岳飞最后吩咐道："如捉住了何元庆，不准伤他性命。如违令，定按军法处置！"

话说当晚二更时分，那何元庆真的带领一千喽啰兵，穿着黑色夜行衣，悄悄下山，来岳营偷袭。何元庆见岳营很安静，士兵似乎都已入睡，于是一声令下，点亮火把，放炮呐喊，就杀进来了。何元庆刚冲进岳营，突然，"哗啦"一声，连人带马跌入陷坑。转眼间，大营火把通亮。张显、孟邦杰带领挠钩手搭起何元庆来，用绳索捆绑，押进了元帅大帐。牛皋、董先见喽啰兵败回，用火把挡住其归路，大喝："投降免死。"喽啰兵走投无路，都丢下武器投降，给牛皋、董先带兵押了回来。

天亮之后，何元庆被五花大绑给押了上来，两柄溜银锤也给抬到大帐，放在地上。岳飞看着立而不跪的何元庆道："何元庆，你不是说我打败你的两个家将你就投降吗？现在我俘虏了你的两个家将，也把你捆绑起来押进了我的大帐，你还有何话说？大丈夫言而有信，请将军归顺宋朝。"何元庆说道："此次怪我贪功，误中你的奸计，要杀就杀，要砍就砍。"岳飞三思，让军士给何元庆松绑，将他的马匹、兵刃，抓到的喽啰兵，尽数归还，放他去了。

岳飞知道张用对栖梧山熟悉，就让张用带领张立、陶进、贾俊、王信、王义、张宪六员战将，二十个精壮喽啰兵，从小路上山，直捣贼巢，将贼首大王曹亮、曹成灭了。还要他们放火烧了贼巢，闹得动静越大越好。岳飞刚刚安排好，何元庆就来讨战。岳飞带兵出营，却见何元庆带领五千壮健喽啰兵，摇旗呐喊，金鼓齐鸣，士气高涨，不禁心里暗暗钦佩，道："这些喽啰兵若用于抗金救国，无疑是一支劲旅，我岳飞志在必得。"二人也不搭话，就开始拼杀，两人从中午一直杀到天色将晚，还是不分胜负。两人准备吃过晚饭再来夜战。

随后两阵点起灯球火把，岳飞与何元庆又杀至三更将近，却见栖梧山上儿郎呐喊，火光冲天。岳飞骑马回来，叫了一声："何元庆，你们山上起火了。"何元庆回头一看，吃了一惊，赶紧命令手下撤退回山，岳飞任他回去，并不追赶。何元庆回到山下，却见山上的喽啰兵正逃到山下，跟他说："茶陵关的将军张用，带领九宫山的山贼乘虚而入，从小路上山，夺了山寨，随后四面放火。小的们抵敌不住，只得逃下山来见元帅。"何元庆气得咬牙切齿，山寨已失，只得先回汝南，奏闻大王，再发兵前来报仇。

何元庆带着军队走到天明，到了江边，发现江上的桥没有了，不由暗自叫苦。正在这时，一声炮响，水面出现一队船来，旌旗飘扬，站着杨虎、阮良，他们各执兵器，高声大叫："何将军，我奉元帅之命，在此等候多时，邀请将军同保宋室江山，快请下船！"众喽啰吓得魂飞魄散！何元庆也不答话，骑马便走。

直至白龙江口，看见江面上有两只小船，何元庆上了一只小船，把双锤和马放在另一只船上。这两名渔翁，正是耿明初、耿明达兄弟，奉命前来捉拿何元庆。元庆闻言，怒不可遏，立起身来就打渔翁。却被两兄弟打落水中，咕嘟咕嘟喝了几口水，被耿明初一把擒住，用绳子绑了，押到岳元帅马前。

岳元帅令人解开何元庆，说："何元庆，你的大王都死了，山寨也没了。本帅见你是条汉子，不想加害于你，想让你改邪归正，为国立功，也对得起你这满身武艺，洗脱你的贼名，你可愿意归降本帅？"何元庆又羞又恼，恨得咬牙切齿，却无一言对答。岳飞知道何元庆不服，就让手下将何元庆的马匹、兵刃归还，又给他五十两银子做盘缠，放他走了。

何元庆羞愧难当，拿了双锤，骑上战马，离开官军，往前就走，到了江边，心想无路可走，人也丢死了，还不如死了干净。遂拔出宝剑，想要自刎。正在这时，却见大将汤怀赶了上来，道："岳元帅说，将军想过江，让我准备船只，请将军等一下，先吃点东西。我这就准备船只渡将军过去。"说着话，将一瓶酒和一些肉食放在何元庆面前道："元帅怕将军征战辛苦饥饿，特备简单水酒肉食，请将军聊以充饥，随后我即渡将军过江。"何元庆百感交集，泪水长流："岳元帅如此待我，不由得我不降，请你告诉岳元帅，何元庆愿意投降，鞍前马后效力。"就同汤怀来见岳飞。岳元帅对他说："贤臣择主而侍，大丈夫自当建功立业报效国家。请将军和岳飞同保宋室江山，迎还二圣，名垂千史！"

第二十三回　金兀术五路进兵

过了几日，有圣旨下来，命岳飞到湖广洞庭湖去剿灭杨幺的势力，岳飞领命起身，不几日到了潭州。金兀术探听岳元帅兵驻潭州，正在征讨杨幺，就与军师哈迷蚩计议，想要趁着岳飞远征，前去夺取金陵。哈迷蚩想了一计，说："请大太子领兵十万，去攻打湖广，然而并不与岳飞交战。只要他守东，我攻西；他防南，我向北。牵制那岳飞离不开湖广。再命二太子领兵十万，去抢山东；三太子领兵十万，去抢山西；五太子领兵十万，去抢江西。弄得他四面八方来不及，然后您亲自带领兵马去抢金陵。这就是五路进兵中原之计。"兀术听完大喜，立马召集四位弟兄各引兵十万，分路而去。兀术自领大兵二十万，向金陵进发。

这段时间是宗留守驻守金陵，他屡次上表，请高宗回汴京，号令四方，志图恢复，无奈高宗不听。此时听到兀术五路进兵，岳飞又羁留湖广，宗留守急得旧病发作，口吐鲜血而死。

金兀术五路大军同时攻进中原，势如破竹，兵强马壮，谁敢抵挡？兵马浩浩荡荡，开到长江。驻守长江的留守杜充，得知金兀术已经打到了长江，吓得魂飞魄散，心想："宗留守已经死了，岳飞如今在湖广，在朝的一班文臣武将哪个有能力敌得住金兀术？与其自取灭亡，还不如投降，求取荣华富贵。"当下命令三军放下武器，投降金人。

高宗听闻金兀术大举入侵，杜充献了长江，被金兀术封为长江王，目前金兀术大军已经向临安而来，吓得惊慌失措，和李纲、王渊、赵鼎、沙丙、田思忠、都宽君臣七人，逃出通济门，一路而去。高宗一行逃往湖广，想去投奔岳飞，被金兀术一路追击。高宗一路历经千辛万苦，差点被抓，却又逢凶化吉，被一些忠义之人相救，死里逃生，最后费尽力气逃到了一处山顶的灵庙。

岳飞在潭州闻报，杜充献了长江，金陵已失，君臣七人逃出在外，不知去向，不禁失魂落魄，大叫一声："完了，没想到金贼如此恶毒，丢了圣上，宋国岂能再有兴旺之日？"当下拔出腰间宝剑，就要自刎。张宪、施全赶紧冲上来，夺了宝剑，道："元帅，圣上逃亡，你不寻找圣驾前去护驾，却在这里自刎，岂是英雄好汉行为？"岳飞擦拭眼泪，坐了下来，当务之急是找到圣上，他心想牛皋是员福将，便让牛皋去找皇上："牛皋听令，本帅命你带五千人马，前往界牌关，四处仔细搜索圣上下落，不得有误。我领大军随后就到。"牛皋得令，飞也似的去了。

牛皋找到牛头山下，正好是高宗君臣七人爬山遇雨的时候。军士回报说："前面有金兵扎营。"牛皋想："既有金兵，君王必然在这山上了。"牛皋领兵，从荷叶岭上去，到了灵宫庙内，进殿见了高宗，然后吩咐三军守住上山要路。那些金兵等雨停了之后正要上山，忽见有宋兵把守，忙报知粘罕。粘罕就命人去请求支援，让兀术领兵来攻打。自己这边先把高宗困住，让他插翅难飞。

岳飞得到牛皋送来的消息，飞奔到牛头山上，见了高宗。高宗连日奔波，又淋了雨，身上发热。岳飞将高宗一行安顿到附近的玉虚宫内避难，玉虚宫住持前来拜见，命神医安道全为圣上调养身体。高宗病情稍好，传旨封岳飞为兵部尚书都督大元帅，岳飞谢恩。

次日，岳飞升帐，将军罗列两厢，个个雄赳赳气昂昂，且听岳飞发令。岳飞站在帅案后面，道："各位将军，三军未发，粮草先行；如今宋金开战，粮草尤其要紧。我军若缺了粮草，怎么守此高山？饿都饿死了，更别说打仗。山下金兵安营扎寨阻路，出不去可咋办？哪位将军敢领本帅之令前往相州催粮？"牛皋马上出来高叫："末将敢去。"元帅道："既如此，有令箭一支，文书一封，限你四日四夜到相州，小心前去！"牛皋得令，将文书揣在怀中，把这令箭插在飞鱼袋内，上马提铜，独自一个跑下山来。

话说牛皋接令，翻身上马，带着双铜，这就杀下山来。舞动双铜，踹进营来，逢人便打。趁机冲过金营，打马如飞，昼夜兼行，很快就赶到了相州，拜见节度使刘光世，将岳飞的书信递交。刘光世准备好粮草，牛皋收了刘光世给岳飞的表章书信，叩头辞别，上马便行。押运粮草回大营的途中，牛皋陆续遇到拦路的三位好汉，分别叫高宠、郑怀、张奎，几人不打不相识，结为兄弟。高宠前头开路，牛皋同郑怀、张奎押后，催兵前进，往牛头山进发。

兀术大兵已经赶到牛头山，与粘罕接头。兀术说道："高宗同岳飞既然在山上，咱们只需分兵困住此山，断绝他的粮饷，不愁他饿不死？"就分拨众狼主，四方八处扎住大营。六七十万大兵团团围住牛头山，水泄不通。山上的岳飞闻报，好不心焦，也不知粮草能否平安运送进来，十分担心！

牛皋带领三个兄弟，押着粮草车，已经快到牛头山了。高宠艺高人胆大，望见金营连绵十余里，心里也不慌，对牛皋道："牛大哥，小弟在前给你冲开营盘，兄长保住粮草，一齐杀入。"牛皋便叫郑怀、张奎左右辅翼，自己押后。高宠的确是一员虎将，当下一马当先，大叫："高将军来踹营了！"拍马挺枪，冲入金营，远用枪挑，近用鞭打，如同砍瓜切菜一般，打开一条血路。左有张奎，右有郑怀，鞭枪犹如双龙搅海；牛皋在后边舞动双铜，犹如猛虎下山。那些金兵金将哪里抵挡得住，大喊一声，四下里各自逃生！兀术忙差下四个元帅来，金花骨都，银花骨都，铜花骨都，铁花骨都，各使兵器上前迎战，被高宠一枪，一个翻下马去；第二枪，一个跌下地来；第三枪，一个送了命；再一枪，一个胸前添了一个窟窿。后边又来了一个黄脸金将，叫作金古渌，被高宠朝着心窝里一枪戳透，一挑，把整个人直抛向天上了！吓得那金营中兵将个个无魂，人人落魄。更兼郑怀、张奎两条鞭枪，牛皋一对铜，翻江搅海一般。几人冲开十几座营盘，往牛头山而去！兀术无奈，只得传令收拾尸首，整顿营寨。

牛皋令官军押着粮草全部运回玉虚宫，自己见岳飞交令。岳飞大喜，道："兄弟真是个福将啊，将粮草平安运回来了。"牛皋谦虚道："也是我新收的几个兄弟武艺高强，名扬四海，双鞭郑怀，银枪张奎，无敌将高宠。他三个人本事高强，都胜过兄弟我，我们冲开血路，保护粮草，杀败金兵，这才押运粮草进来。"岳飞夸赞："多亏你们将粮草送上山来！我申报皇上，必有封赏。"牛皋将三位兄弟请进来拜见岳元帅，岳飞当下就在玉虚宫申奏皇上高宗，俱封为统制之职。随后摆设酒宴，请牛皋陪着新来的兄弟吃酒庆贺。

牛皋押送粮草交给岳飞

第二十四回　金兀术败走黄天荡

　　岳元帅在牛头山上，等各路支援的大军来到，准备与兀术交兵。兀术也在与众太子、众平章商议开战之事。有探事小兵进帐来报道："启禀狼主，小的探知南朝元帅张浚领兵六万，顺昌元帅刘倚领兵五万，四川副使吴玠同兄弟吴璘统兵三万，还有定海总兵胡章、象山总兵龚相、藕塘关总兵金节、九江总兵杨沂中、湖口总兵谢昆等各处人马共有三十余万。俱离此不远，四面安营，特来报知。"兀术闻报，遂传令点四位元帅向东西南北四路，探听哪一方可以行走。那四位元帅领令前去。不多时一齐回来，进帐来禀道："四面俱有重兵，只有正北一条大路可以行走。"兀术就让传令所有人，如若交战，胜则前进，如果不能取胜，就从正北退兵。

　　岳元帅传令施放大炮，直杀到半夜，杀得金兵抛旗弃甲，四散败走。岳飞紧紧追赶兀术。兀术望北逃去，眼看着到了江口。眼看追兵越来越近，吓得兀术浑身发抖，仰天大叫："天亡我也！前有大江，后有追兵，这可怎么办！"正在危急关头，之前投奔兀术的杜充、曹荣驾驶战船战败而来。原来，这二人本想偷袭岳飞，却反被早有防备的岳家军打得落荒而逃。兀术与军师、众平章等争相下船来逃命。只是船少人多，哪里装得完？这里岳元帅传下令来，命何元庆、余化龙、张显、岳云、董先、

84

张宪、汤怀、牛皋等为首，带领众将，一齐放炮，呐喊踹入金营。其余各路总兵、节度，听得炮声，从四面八方带兵杀过来。

这场大战真个是天摇地动，日月无光。岳元帅带领这一班猛将逢人便杀，遇将就擒。摆动这杆沥泉枪，浑如蛟龙搅海，巨蟒翻身。那些金将金兵见了岳飞，一个个抱头鼠窜，口中只叫："走，走，走！岳飞来了！"岳飞请南朝元帅张浚、顺昌元帅刘倚速速保驾回京，自己带兵前去追赶金兵。岳元帅追至江口，把没有上船的金兵如砍瓜切菜一般杀了个干净。

金兀术脱险之后，重新整理手下人马，发现加起来不到五万。金兀术叹道："想我刚进中原，是何等威风，数十万大军一路南下，势如破竹，几个月之后，居然只剩下区区四五万人马，大王兄和二殿下都丢了性命，叫我如何跟父王交代。"

金兀术暗自伤神，他放眼望去，只见江北一带韩世忠的战船绵延十余里，还有上百艘小游船在江中飞快地行驶。那些战船当中，有一艘瞭望大海船，桅杆足足有二十多米高，中间插着"大元帅韩"标记的大旗迎风招展。金兀术看到那些战船，叫苦连天，心中寻思："我们只有五六百艘战船，而韩世忠的战船足足有两千艘，东面、北面被他封锁，西面、南面又有岳家军拦截，正所谓四面楚歌、八面埋伏，我们如何冲得出去？"军师哈迷蚩说道："知己知彼百战百胜，要想冲得出去，先要摸清宋军的情况。我提议先撤到安全的地方休整几天，派人前去打探宋军动向。"金兀术没有异议，率领大军来到了一个港湾，这里四处都是芦苇荡，易于隐藏。

金兀术困在黄天荡，担心自己的粮草支持不了多久，就准备趁着黑夜潜逃，却掉入韩元帅和梁夫人包围圈，仓皇之下，逃入黄天荡的水港。这水港四通八达，周围都是芦苇，疑似靠岸，其实还在水中。金兀术本以为能够靠岸，从陆路逃走，谁知进来之后才知道这是一个死胡同。金兀术一看无路可逃，就写了求和信，差小兵送往韩元帅寨中，前去讲和。元帅拒之不理，只等金兵弹尽粮绝一网打尽。

金兀术回到黄天荡一直愁眉不展，唉声叹气。有一日，来了一个书生，告诉金兀术，离黄天荡水港十多里就是老鹳河，原来有一条河道直通黄天荡，由于年代久远，河道泥沙淤积太多，将此河道阻塞了。只要将军派人挖开泥沙，引来秦淮河的水疏通一下，便是一条康庄大道。

再说韩元帅率兵守住黄天荡出口，一守就是十多天，不见金兵有任何动静，甚至在晚上也不见金军营地的灯光。韩元帅觉得奇怪，便派军士进黄天荡查探消息。探子回报，金兀术已掘开老鹳河逃跑了。

话说兀术逃回本国，老狼主闻说几个子孙俱阵亡，数十万雄兵尽丧中原，就要将兀术绑出去砍了。军师哈迷蚩将战况详细上奏，告诉老狼主不是四太子无能，而是岳飞足智多谋。老狼主这才放过兀术。金兀术回到府中，想起几个月来所发生的巨大变化，吃不香、坐不宁、睡不安，他闭门思过，寻找失败的原因。军师哈迷蚩告诉他，当初之所以能顺利打进中原，是因为朝中奸臣暗中帮忙，但是兀术痛恨奸臣，不愿意和他们交朋友。一个举足轻重的奸臣有时候可以抵千军万马。金兀术听了恍然大悟，想到还有一个奸臣秦桧在金国。于是收买了秦桧夫妇，让他们带着二帝的诏书回国。高宗见秦桧带回二帝诏书，感念他们夫妇二人在外多年，照顾二帝有功，封秦桧为礼部侍郎。

第二十五回 召良帅贤后赐旗

　　过了几天，因临安宫殿完工，临安节度使苗傅和总兵刘正彦联名上书，请皇上迁都临安。宋高宗看了联名上书，心中大喜，立刻召集文武百官商量迁都的具体安排。宋高宗其实无心收复失地，反而担心皇位被父兄夺走，因此也不想迎回二帝，只是一门心思想着如何巩固自己的地位，如何过着安逸舒坦的日子。临安是大宋最美的地方，在这样的地方当皇上可以过着神仙般的日子。他把逃亡之苦、牛头山被困之难、二帝和母后被困五国城之事全部抛到了脑后。

　　岳元帅得到皇上准备迁都的消息，飞马赶来，劝阻道："皇上，金兀术虽然大败而归，但百足之虫死而不僵，说不定一两年之后他又挥师南下，夺我疆土。金陵濒临长江，地理位置非常重要，进可攻、退可守，又是大宋的心脏之地，一旦遇到危难，四方兵马就会快速赶来增援。而临安靠近海洋，战事一起就会四面受敌，到时候我们就找不到退路。圣上，微臣乃是肺腑之言，请圣上三思而后行，千万不要被奸邪之人所蛊惑。"

　　高宗听了岳元帅的一席话说道："爱卿所言不无道理，但是朕不愿意连年征战、生灵涂炭，如今既然打败了金兀术，朕打算趁此机会派使臣与他们议和。这样一来，军民都可以免受战乱之苦，两国的老百姓也可

87

以共享太平。我们大宋也可以借机恢复经济，巩固实力。朕意已决，卿家不必多言。"

岳元帅见高宗已经下定了迁都议和的决心，也就不再劝阻，他借口家母病重，向高宗请了长假。高宗准了，赐给岳飞许多金银财帛。岳飞带着岳云、牛皋等众人离开了军营，骑马出城，渡过长江，一路风风光光赶往汤阴岳家庄。

宋高宗担心韩世忠也来劝说他不要迁都，于是传令封韩世忠为咸安郡王，留守润州，不必来京见驾。一切打点妥当，选定了一个良辰吉日迁都临安，众大臣一路保驾护航，金陵城的许多百姓也跟着一起去了。一行人浩浩荡荡赶往临安，到了临安，苗傅、刘正彦二人把高宗圣驾接进了新的宫殿。高宗看着新宫殿布置得精巧华贵，非常满意。

宋高宗定都临安，改年号为绍兴元年，封苗傅、刘正彦为左右都督。此时朝廷当中手握重兵的武将只有大元帅王渊。这苗傅、刘正彦是大奸臣，他俩得权之后，找借口杀了王渊全家。随后二人开始兴风作浪，在宫中活捉宋高宗赵构，逼他交出玉玺，传位与太子。尚书仆射朱胜非识破苗、刘二人的阴谋诡计，遂修书一封，悄悄差家人朱义，连夜往汤阴报知岳元帅，请他速来救驾。

岳元帅自从归乡以来，一家人共享天伦。却不料母亲年老病重，服药无效，突然逝世。岳元帅悲伤哭泣，尽心为母葬祭。众兄弟也在汤阴安了家，生活美满和乐。一日，岳飞收到朱义送来的消息，说高宗有难，岳元帅就让牛皋、吉青前去临安救驾。牛皋一举将二贼擒获。高宗脱险之后，想要重用牛皋、吉青等人，被二人谢绝，二人仍旧回到家乡。

时间过得真快，一转眼到了绍兴七年。这一年，对宋高宗来说，是多灾多难的一年。年初，收到了山东来的告急文书，说山东九龙山杨再兴兴兵作乱，请求派兵增援；接下来太湖戚方、罗刚、郝先聚众谋反，十分猖獗。叛乱四起，朝廷可用武将却不多，高宗一时愁眉不展。

丞相赵鼎建议请岳飞回来平乱。高宗却说："前几天我已派人去召他回来，谁知道还没见到岳飞，就被他手下的牛皋、吉青等人撕毁圣旨、赶走钦差，我念他们之前战功赫赫，故而不去追究。现在如果再去传召，只怕他不肯来。"

高宗回到寝宫，面露愁容，闷闷不乐。皇后魏娘娘看到，忍不住问："皇上，看你愁眉不展的，发生了什么事？"高宗说："眼下山东、安徽、江苏、湖广等地匪患猖獗，赵鼎曾上奏请岳飞出山征讨未果。朕想派人前去传召，又怕岳飞不肯前来。思来想去毫无办法，所以心里烦闷。"娘娘听了，奏道："臣妾为万岁绣了一对龙凤旌旗，再绣上'精忠报国'四字。听说岳飞背上有他母亲刺的'精忠报国'四个字，可让人带着这对旗前去请岳飞，这四个字肯定能让他感动，他必定义无反顾为皇上办事。"天子大喜，即命娘娘绣成四字。晚上，皇后在灯下熬了一夜，她在给皇上绣的龙凤旌旗的中间，一针一线绣了"精忠报国"四个字。皇上下了第二道圣旨，派人日夜兼程赶往汤阴，嘱托宣读完圣旨之后，将旌旗赠予岳元帅做帅旗。

岳飞接到圣旨及绣有"精忠报国"的龙凤旌旗，把众兄弟叫过来说："圣上特旨，来召我们出兵平乱。皇后又亲绣一对龙凤旗，并赐'精忠报国'四字。这是皇上、皇后的一片赤诚之心，我们不能辜负了。今天把兄弟们请来，就是要大家跟我一起奉诏进京面圣。"

牛皋听了很气愤："我不去！那个皇帝，天下太平了，就让我们回家种地。如今动起刀兵来，就来找我们替他去厮杀。"岳飞见牛皋不肯去，骂道："牛皋！你前番撕了圣旨，皇上没有治你的罪，你不知感恩图报，反在这里蛊惑人心。自古道君要臣死，臣不敢不死。为人在世，要烈烈轰轰做一番事业，光宗耀祖，扬名立万，岂能无声无息地老死蓬蒿？我们此去一定要迎还二圣，恢复中原，方遂一生大愿，遂我平生之志。贤弟们可回家将家眷安顿妥当，也好放心前去杀贼立功！"

　　众兄弟听罢齐声道："大哥言之有理。"于是各自准备去了。几天之后，众兄弟各自安顿好家眷来到岳元帅府上。岳飞的夫人和儿媳妇置酒与岳飞父子和众兄弟送行。大家痛饮一番之后，跨上马，出了元帅府。岳元帅父子各自和夫人道别，交代一番，依依不舍地离开了家。

第二十六回　杨景梦授杀手锏

　　岳飞到了临安，进朝见驾。高宗命岳飞官复旧职，待平寇之后，再行升赏！岳元帅谢了恩。高宗问道："元帅此行，先平何寇？"岳飞奏道："先平了九龙山杨再兴，后平太湖。"高宗闻奏大喜，即赐御酒三杯，以壮行色。岳元帅来到营中，命令牛皋带三千人马为先锋。又命公子岳云押运粮草。岳元帅率领大军随后起行。

　　牛皋一路上穿州过府而来，到了山东九龙山。计划先抢了九龙山再扎营。杨再兴闻报，随即带领喽啰下山应战。牛皋拍马上前，提起锏便打，杨再兴抢枪招架。战有十二三个回合，牛皋打不过，败下阵来。几天之后，岳元帅大兵赶到，牛皋将打了败仗的事情据实禀报，岳元帅没有责怪他，说道："胜败乃兵家常事，哪有常胜的将军？"

　　次日，天还没亮，元帅点齐众将一同出阵。张宪上前禀道："元帅，杀鸡不用牛刀！区区一个草寇，待末将等前去拿来，何劳元帅亲自出马？"岳飞说道："兄弟有所不知，这个杨再兴乃是一员虎将，当年在汴京参加武举考试之前，我与他曾有一面之缘。此人枪法十分了得，本帅是想收降这个英雄来做个帮手，所以才要亲自出马。本帅今日出战，和他单打独斗，如果我胜了他，兄弟们不必上前；如果我打了败仗，也不要兄弟们上前。违令者军法处置。"众将听了齐声应答："得令！"

岳元帅率领大军来到山下，擂鼓呐喊。杨再兴听了，披挂上马，率领众喽啰来到山下。一晃近二十年，岳飞再次见到杨再兴，只见他头戴凤翅银盔，身穿鱼鳞细甲。手执滚金枪，腰悬竹节钢，穿一件白战袍，跨一匹银鬃马。再细看杨再兴的相貌，齿白唇红，面如冠玉，三绺微须，一双豹子眼；虎背熊腰，高个宽肩。真个是英雄盖世无双将，百万军中第一人！

岳元帅拍马上前说道："杨将军，别来无恙？将军可曾记得当年在汴京小校场中，曾有一面之缘？"

杨再兴想了想道："哦，记起来了，你就是那枪挑小梁王的岳飞。"岳元帅道："正是岳某！将军是将门之后，武艺超群，为何要落草为寇？岂不辱没祖宗，万年遗臭？将军有此文武全才，何不归顺朝廷，为国家出力，扫平金虏，迎还二圣？那时名垂史册，岂不美哉？"杨再兴哈哈大笑道："岳飞，你且住口！我杨再兴岂是不知道理之人？现在的朝廷，皇帝懦弱无能，胸无大志，信任奸邪，将一座锦绣江山弄得支离破碎！金兀术大败，本是收复失地的好时机，昏君却偃旗息鼓，搞什么宋金议和。这岂是明君之所为？岳大哥有如此本领，手下兄弟个个都是当世之豪杰，不如同我在山东举义，先取了宋室，再收复中原，共享富贵。何苦辅佐此昏君？"

两个人谁也说服不了谁，只好开打。岳飞见杨再兴拍马上来，叫道："且慢！既是生死之战，我和你各把兵将退后，咱们单打独斗。"杨再兴道："如此甚好！"随即命众喽啰退回山寨。岳飞亦传令众将退后，不许上前。二人两马交叉相迎，双枪并举对垒。但见岳飞枪舞梨花当心刺，杨再兴矛分八叉照顶挑。一直大战了三百多个回合，难定输赢。眼看天色已晚，双方只好收兵回营，相约来日再战。

第二天两人又大战了两百多个回合，仍然不分胜败。这时岳云押运粮草来到营门交割，听说父帅和杨再兴交战，催马跑到阵前。牛皋一眼看见是岳云，便道："侄儿，你来得正好。快些上去帮助你父亲，拿了这个强盗，就完事了。"岳云不知就里，便应声："知道了！"拍马上前，大声叫道："爹爹少歇，待孩儿来拿这逆贼。"

杨再兴看见岳云上来，心想，都说岳云治军严谨，既然有约在先，为何连自己的儿子都管不住。随即大声喝道："住手！岳飞，你我有言在先，为什么上阵父子兵？你军令不严，还做什么元帅？还有什么资格和我交战？还有什么脸面劝我投降？我不与你战了。"说罢拨转马头径自回山。岳元帅羞得满脸通红，只好收兵回营。

岳元帅回到帐中坐定。岳云上来交令。元帅大怒，喝叫左右："与我把这逆子绑去砍了！"岳云茫然不知缘故，众将心中是明白的，连忙一齐跪下，苦苦求饶。岳飞也知道岳云刚回来，不了解情况，于是就将岳云捆住，要打四十军棍。打到二十棍时，牛皋上前把自己撺掇岳云上阵之事说了出来，并要求剩下的二十军棍由他来代替。岳元帅看在牛皋的面上，放了岳云。又叫张保将岳云背到山前，跟杨再兴验伤请罪。杨再兴听了张保一番话，又看了岳云身上的伤，心想：如此还像个元帅。于是他约了明日再战岳飞。

晚上，岳元帅独自一人坐在那里，心想，连日跟杨再兴交战，不能取胜，真是烦人，就靠在桌子上睡着了。迷迷糊糊中，只见外边走进一位将军，他头戴金盔，身穿金甲；面庞端正，五绺髭须；威风凛凛地站在那里。岳元帅见了，连忙起身迎接，谦恭有礼地问道："敢问将军尊姓大名？来此有何贵干？将军可曾认识岳飞？"

那人听了一笑："我叫杨景！因我玄孙杨再兴在此落草，特来拜托元帅，恳请收在部下立功，不胜感激！"岳元帅听了说道："我正有此心，但是杨再兴本事高强，难以收服。"杨景道："我那玄孙使的是'杨家枪'，只有'杀手锏'可以打败他。等我传你杀手锏，你明天约他对战，一定可以成功。"杨景说罢，起身抢枪在手，岳元帅也把枪拿在手中，二人大战数回。杨景左手持枪，转身便刺。岳元帅把枪招架，杨景右手举锏，叫一声："牢记此法！"把锏落在岳飞背上。岳飞一跤跌倒，猛然醒来，却原来是一场梦。岳元帅暗暗称奇，明白了那"杨老爷"的用意，于是提枪拿锏来到帐外，私下把枪锏一法演练纯熟。

次日一早，两人交战，大战了好几十个回合，岳元帅假装败走。杨再兴随后赶来。岳元帅转马回来，左手持枪便刺，杨再兴忙把枪架住，岳元帅右手将银锏突然打出，打在杨再兴背上，只用了三分力气。杨再兴万万没想到岳飞居然会使杨家枪法的杀手锏，一不留神，被岳元帅打落马下。岳元帅见杨再兴落马，慌忙跳下马来，双手扶起，叫声："将军请起，本帅多有冒犯！我想将军应该还没有做好准备，可以上马再战。"

杨再兴满面羞惭，跪下说道："元帅，小将已经领教了元帅的本领，无须再战。小将甘心服输，情愿归降。"岳元帅听了心中欢喜，他一把扶起杨再兴，温和地说道："将军若肯同扶宋室江山，岳某愿与将军结为兄弟。"杨再兴受宠若惊，欣欣然道："若蒙大哥不弃，小将愿鞍前马后跟随大哥。"于是，两人对拜，结为兄弟。岳元帅回转大营，与众将坐在帐中商议下一步行动。杨再兴回山收拾了人马粮草，放火烧了山寨，率领众喽啰来见岳元帅。

岳元帅传下号令，带领大军收兵回朝奏凯。岳家军一路来到瓜洲渡口上，韩元帅早已备齐船只，请岳元帅大军渡过大江。当船到了离临安不远的地方，探军来报："水寇戚方领兵来犯临安甚急，特来报知。"

第二十七回　杀机四伏的金兰宴

　　话说岳飞收服杨再兴，又收服了戚方，回朝见驾。丞相赵鼎启奏，洞庭湖钟相、杨幺自立为王已有十余年，朝廷一直束手无策，现在宋金议和，干戈已息，长江以北十分太平。岳家军得胜回来，气势正盛，建议岳飞带兵征讨。高宗准奏，命岳飞起兵前往。

　　岳飞自然知道洞庭湖杨幺手下能人众多，早在建炎元年，杨幺手下王佐就曾经去过他家，并与他结拜兄弟，邀请他一起入伙。到如今一晃十多年，他们的势力范围应该是越来越广，能人异士也许是越来越多。此番前去，必定有一场恶战。

　　为了尽快剿灭盘踞在洞庭湖一带的义军，岳元帅在潭州安顿好之后，立刻召集众将和地方官员一齐议事，询问情况。潭州总兵张明禀报道："杨幺在洞庭湖中君山上起造宫殿，自称为王，提出'均贫富、等贵贱'的口号，眼下杨幺的势力范围很广，附近好几个州的老百姓纷纷投靠，他们的声势越来越大，手下能人异士不少。有喽啰数十万，战将千员。粮草甚多，大小船只不计其数。他们十分猖獗，无视朝廷。那杨幺扬言要在半个月之内拿下潭州，现在他们正准备来攻打潭州。要是岳元帅再不来，恐怕连这潭州也被他们抢去了！"

　　岳元帅暗叹，没想到几年工夫，杨幺义军壮大得如此之快，真是养虎为患。他想了想，要破杨幺，须得智取，于是安排张保前去敌营送信，邀请杨幺的手下王佐，前来相聚。王佐虽然曾经与岳飞结拜过，但是毕竟阵营不同，收到书函后不敢擅自决定，马上将此事禀告杨幺。军师屈原公想出一个阴险的计谋，让王佐前去潭州赴宴，第二日再回请岳飞前来赴宴。等岳飞来了，就在席上令几个武功高强之人舞剑作乐，斩岳飞之首。如此计不成，再埋伏四百名刀斧手，令王佐掷杯为号，四百名刀斧手一齐杀出，岳飞肯定逃不掉。即使他侥幸逃出来，东耳木寨头门、二门两边，又是军房，房内可多放障碍物，阻挡岳飞的去路。如果岳飞冲破这些障碍物，再令雷家五虎将带兵五千，截住他的归路。到时候，准叫岳飞插翅难逃。

王佐赴宴回来，依计写了一封书函，派人送交岳飞，约他来日赴宴。岳元帅看了来书，知是王佐答席，答应前往。牛皋听了反对："大哥，你不能去，这是他们设的鸿门宴。他们请大哥前去，是想害了大哥。"岳元帅却说："不入虎穴，焉得虎子？我已经答应了人家，岂能出尔反尔？"

次日清晨，岳元帅传令汤怀、施全二人，暂掌帅印。命杨再兴、岳云在途中接应，便同牛皋上马，张保在后跟随，往东耳木寨而来。见了王佐，二人寒暄，坐席饮酒。岳飞隐隐感觉杀机四伏，但是他处乱不惊。

牛皋担心王佐对岳元帅不利，便让张保看守马匹，他进去保护元帅。牛皋进去后，不管三七二十一，吃饱喝足，就像立地金刚一样，站在岳元帅身边，横眉立目。喝过酒吃罢饭，岳飞起身告辞，王佐见了，连忙阻拦："酒还没喝够，我正要给哥哥敬酒，怎么就要走了？弟弟这里有个人使狼牙棒特别好，我叫他上来使上一回，与哥哥下酒如何？"岳元帅听了就知道王佐即将上演"项庄舞剑意在沛公"这一曲，他假装不知，欣喜道："如此甚好，可唤他上来使一回。"

王佐于是叫温奇前来舞狼牙棒助兴。牛皋见状说道："单丝不成线，独木不成林。你一个人独舞有什么好看的？不如让我来和你一起对舞。"

牛皋说完，拿出锏走了过来，一举架着温奇的棒。温奇巴不得将牛皋一棒打杀，于是挥舞狼牙棒劈头盖脸打了下来。牛皋左手用锏架开狼牙棒，右手一锏出其不意打向温奇的脑袋，温奇没想到牛皋动真格的，一不留神被牛皋打个正着，当场就一命呜呼了。

王佐看到牛皋将温奇杀了，他将酒杯往地下一掷，往后便跑。那些刀斧手听得警号，一齐杀出。霎时间，义军如潮蜂拥而至，杀声震天。牛皋看到义军太多，连忙叫道："元帅快走！待我断后。"岳元帅连忙从腰间拔出宝剑，往外杀出。牛皋舞动双锏，且战且走。张保在二门处接应，岳元帅、牛皋慌忙之中走到大寨门，没想到后面有无数义军追赶上来。张保夺过一杆枪来，一连打跑好几个义军。牛皋回马，手拿双锏见义军就打，又打退十来个。三人终于来到二道门，刚要出去，只见两边屋上的瓦片如雨点一般打下来。三人猝不及防，被打得鼻青脸肿。好不容易跑出二道门，谁知雷家五虎一起杀出，拦住归路。张保在前面开路，岳元帅、牛皋在马上用手里的家伙和雷家五虎厮杀。这雷家五虎并非泛泛之辈，岳元帅三人厮杀了一阵之后，张保、牛皋渐渐不能力敌，眼看就要落败，正在这千钧一发之际，只见杨再兴一马当先冲了上来，舞动着手里的滚金枪，把雷家五虎打得落花流水，方才收兵，赶上岳元帅，一同回转潭州。牛皋、张保身上多处被瓦片砸伤，岳元帅吩咐他们去后营养伤。

第二十八回　全大义杨钦献图

　　杨幺见岳飞逃脱，好生懊恼，没想到用计不成，反折了雷家五将！于是命令王佐回营谨守山门，严防岳家军偷袭。王佐只好辞别杨幺回到东耳木寨调兵遣将，防守山门。

　　杨幺那边正在紧锣密鼓做好防范工作，岳元帅这边也在调兵遣将。这一天，岳元帅正在帐中商议，忽然探子来报："韩世忠元帅率领十万水军，战船不计其数，正在水口安营扎寨，特来禀报。"岳元帅听了大喜，连忙带了张保，前往水寨拜会。二人见礼已毕，韩元帅问道："大元帅到此，与杨幺打过几仗了？"岳元帅听了回道："因为没有打探到虚实，还没有交兵。要是定下战期了，还希望老元帅相助一臂之力！"二人上席对饮，边喝边聊，非常投缘。眼看天色已晚，岳元帅辞别，韩元帅把他们俩送出水寨。

　　岳元帅上了马，沿着湖边一路探看，那洞庭湖真是波涛万顷，水天一色，沙鸥翔集，锦鳞游泳，岸芷汀兰，郁郁葱葱。远远望见湖中央那君山上宫殿巍巍，旗幡密密，十分雄壮。他心中寻思："这杨幺也真是狡猾，居然把宫殿修在君山之上。要想攻打君山，必须经过洞庭湖，而这洞庭湖是杨幺的天然屏障，想要突破，十分困难。"正在观看，忽见水面上一只小船，使着双桨，往边岸上荡来。张保看见后首有一带茂林，便

叫元帅："那只小船来了，且进林子里躲一躲。"岳元帅忙进林中，张保也走进林子里窥看。只见那只小船直抵湖岸，

　　原来是杨幺的族弟杨钦，为了救国大义，偷偷前来投奔，他将杨幺驻地地理图绘制下来，送给岳元帅。岳元帅看了大喜，到了次日，带了路线图册子出城，到水寨来见韩世忠，让韩世忠按图前去攻打杨幺老巢，韩元帅不肯独占军功，又让岳元帅派人前来协助。岳元帅派了汤怀、王贵、牛皋、赵云、周青、梁兴、张显、吉青等人，去助韩元帅。韩元帅命大公子韩尚德带人看守水寨，自己同二公子韩彦直，率领岳元帅帐下的八员大将，带领精兵五千，直奔蛇盘山。大军在离山十余里外安下营盘。

　　这蛇盘山不是一般的山峦，它位于大山深处，一路都是崇山峻岭，山高林密，路径被杂草掩盖，极难寻找。山中有一个山洞，名为藏金窟，是杨幺的巢穴。杨幺的父亲杨枭、三弟杨宾、五公子杨会，护山丞相邬天美、镇国元帅燕必显、辅国元帅燕必达、左卫将军管师彦、右卫将军沈铁肩，还有护山太保二十名、护山勇士二千名，共聚集喽啰一万余众，镇守此山。这里地处偏僻，山里的人很少出入。这座山如果没有山中人引路，就是进得去也出不来。杨钦为了全大义，毫不犹豫将路径画成图纸，一一标明，献与岳元帅，岳元帅又把路线图册子交给韩元帅，因此韩元帅一路上顺顺利利来到蛇盘山下扎营。

　　巡山的喽啰发现了宋军，慌忙进山洞禀报杨幺的父亲杨枭。杨枭听了大吃一惊，蛇盘山山形复杂，宋军却不声不响地来了，一定是内部出了奸细。他的儿子杨宾也想到了这一点，对杨枭说："父亲，现在宋军已经打到山门口了，我们应该早做决定。先灭宋军，再捉拿奸细。"杨枭便派镇国元帅燕必显前去退敌，并让杨宾同去查探。二人得令，一同上马，带领几千人马下山到宋营讨战。

　　韩元帅即命二公子韩彦直出营迎敌。燕必显提起八十二斤合扇刀，

往韩彦直头上砍来。韩彦直舞动那杆虎头枪架住合扇刀，两马交错，两样兵器相碰，只听得叮叮当当的金属碰击声，两个人搅在一起一场厮杀，直杀得天昏地暗。燕必显生得虎头豹眼，恍如伏虎罗汉再世，韩彦直长得齿白唇红，好比潘安重生。两个人打了三四十个回合，不分胜负。韩公子卖了一个破绽，回马诈败，燕必显拍马赶上。韩公子在腰间拔出金鞭，回转马刷地一鞭打去，正中燕必显的左臂。燕必显叫声："不好!"把身子一扭，回马便走。韩彦直飞马赶上，将勒甲绦一拉，擒住了燕必显。

　　那边杨宾看见燕必显被擒，好不气恼，只好命令众喽啰一起上。那些喽啰根本打不过，只得假意呐喊，进一步，倒退两步。韩彦直见状，将燕必显掷于马下吩咐军士绑了，解往营中。自己回马摇枪，又飞一般地冲去迎战。杨宾见势不妙，正要逃走，韩彦直拍马过来挡在前面，挺枪就刺。杨宾吓得战战兢兢，举起手中的方天画戟来招架。韩彦直一枪挑开画戟，拦腰一挥，又将杨宾擒过马来。众喽啰看到领头的都被擒住了，哪里还敢抵抗，他们撒腿就往山上跑。回到山洞，把厮杀情况禀报杨枭，杨枭听了，气得七窍生烟。

第二十九回　施计谋假王横丧生

二公子韩彦直首战告捷，他掌着得胜鼓回营，来见父亲缴令。韩元帅命令将二贼带过来，杨宾垂头丧气地跪下，那燕必显立而不跪。

韩元帅大喝道："你这贼子既被擒来，怎敢不跪？"燕必显道："大丈夫跪天跪地跪父母，岂肯跪你？胜者为王败者寇，今天既然被擒，要杀要剐随你们，我燕必显皱一下眉头就不算好汉。"韩元帅看见他们二人一个卑躬屈膝，一个宁折不弯，他什么也没有问，便吩咐小兵："先将他二人监禁后营。待本帅破了他的巢穴，捉了杨枭，一同斩首。"小兵得令，将二人关押在后营。元帅又暗暗吩咐两个军士如此如此。军士得令行事，不表。

燕必显、杨宾两个被锁禁在营中，每人一间牢房，面对着面，各人派了四名军士看守，不容许他们俩说话。到了晚间，那杨宾已是饿得肚子咕咕叫，只见两个军士，提着丰盛的酒菜走到对面燕必显的牢房中，给自己的却是粗饭白汤。杨宾无可奈何，想到自己死又不能死，活又不能活，止不住流下泪来。大约一更时分，只听得外边传来了脚步响。杨宾侧着耳朵细听，好像有三四个人走入对门燕必显的牢房里去了。过了一阵子，又听得有人出来，口内轻轻地说了一句："包在小将身上。"那几个人说着就离开后营了。杨宾听到他们神神秘秘地说话，心中寻思：

"难道镇国元帅燕必显已经投靠宋室？他们说这话究竟是什么意思？"

到了天明，韩元帅暗暗令赵云、梁兴、吉青、周青四将如此如此。又写密书一封，差人到潭州城内去见岳元帅。岳元帅看了来信，命人从牢中找出一名死囚犯蔡勋，对他说："你本来罪不至死，现在有一个事要你去办，办好了不仅死罪可免，还可以立功。实不相瞒，本帅有一个家将，人称'马后王横'，本帅非常喜欢，奈何韩元帅也想借用，我不愿放他前去，不去又恐韩元帅见怪。你如今可以假扮王横，去韩元帅帐前听用，韩元帅必然重用你。但是不可泄露。你愿意去吗？"那囚犯听完，心中欢喜，连连叩头感谢："元帅抬举，小人怎敢泄露？只认真做个王横就是了。"元帅即命军士将衣甲与蔡勋换了，传韩元帅派来的差人进见。岳元帅吩咐后营："把王横叫来听令。"军士一声答应，立刻进去把假王横叫了出来。岳元帅对来人说道："这位就是我的马后王横，此人乃本帅得力之人，若非元帅来书恳切，决不能从命。今暂且同你去，叫他服侍元帅，待平贼之后，须当还我，不可失信。"王横同差人辞别了元帅，出城上路。

两人来到韩元帅营中，韩元帅暂命王横做个队长，掌管一百名军士。又让王横负责把燕必显、杨宾押送到岳元帅那里。王横得令，将杨宾推入囚车，带了四名解军出营，往潭州赶去。

那四个解军走几步停几步，很不得力。王横坐在马上，气得喝叫："快走！休得慢腾腾的，误了公事！"那四个解军却只管抱怨："你是岳元帅的红人，哪知道我们跑腿的辛苦，今天帅爷升帐早，我们都没来得及吃早饭，这会又累又饿，走不动了。你是骑着马的，哪里知道走路的辛苦？"又一个解军说："前面是灵官庙了，我们赶一步到庙里，问道士讨些酒饭吃饱了，赶快些走就是了。"假王横遂命众人朝灵官庙走去。

赶到灵官庙里。命道士准备酒菜。两个道士赔着笑脸，见假王横是首领，就叫假王横到后殿去喝酒吃饭，却给四位解军送来简单饭菜。那假王横本是贪杯之人，见道士准备的饭菜十分丰盛，心中欢喜。不一会就欢呼畅饮，好不热闹。前殿的四人却冷冷清清，粗茶淡饭，吃得十分焦躁。一个军士叫一声："哥！王横这狗头，本是岳元帅的跟马之人，出身还不如我们呢。现在韩元帅抬举他做个百总，就这等大模大样，把我们不当人。要是让他立了功那还得了！"一个道："我们本是韩元帅手下兵丁，也不甘心去别处服侍。明天回去交了差，我们退粮返乡，干点别的事吧。"一个道："现在交兵之际，怎么可能让你退粮？不如逃往金国，去投降了四太子，或能挣得个出身。"

四个军士你一言我一语，都愤愤不平。杨宾在囚车内，听得明明白白，便劝四人前去投靠他家大王。四人同杨宾商量，如果能保他们做个小小军职，他们愿意拼了性命对付假王横，放杨宾回去。杨宾答应保奏四人为殿前统制。四人将囚车打开，放出杨宾，随后拔出腰刀，冲进后殿。假王横正在醉眼蒙眬之际，还没站起身来，就被四个军士上前一顿乱刀砍死！出了庙门，四人带着杨宾，抄着小路，一同往蛇盘山后山而来。

第三十回　韩元帅大破蛇盘山

到了山边，喽啰见是三大王回来，连忙开关。杨宾同四人一直到了藏金窟。杨幺正在殿上和五王爷杨会、元帅燕必达，商议退兵救子之计。忽见杨宾回来，非常高兴，便问："我儿怎得回来？燕元帅怎么了？"杨宾将这两日发生的事情细细禀明，并告诉杨幺，有四名兄弟救他出来。杨幺便叫四人上殿，封为统制之职，分拨在三王爷杨宾名下。燕必显还被囚禁在韩营，杨幺让燕必达悄悄从后山走湖口水路，到洞庭去见杨幺，请求增援。

韩元帅得到消息，便吩咐将燕必显带来，又劝他归降，燕必显依然忠心耿耿，不肯归降。韩元帅见他忠义可嘉，命人将燕将军马匹军器还他，放他回去。燕必显独自一人到山下叫关，上山来到殿上，见到了杨幺。杨幺便问："你是怎么回来的？"燕必显将前因后果细细禀明。杨幺听完，心中怀疑：燕必显如果没有投降，怎会可能轻易就给他放回来？必然是先归顺了对方，才将我儿押往城中，今天就是回来做内鬼的。于是喝叫左右："与我绑去砍了！"被五公子杨会劝住。

燕必显的弟弟燕必达往洞庭去请救兵，杨幺又命杨宾带领四统制前去接应，如果燕必达有了异心，就直捣他的后寨，再以放火为号，杨幺下山夹攻。杨宾领令，随即和四员新统制一起，也从后山抄出小路，往湖口一路迎来。

韩元帅差探子打听明白，暗暗差人送书知会岳元帅，发兵截杀湖口救兵。一面传令牛皋、王贵、汤怀、张显四将，各带人马，在蛇盘山半路四下埋伏。岳元帅接书，亦命杨再兴、徐庆、金彪三人，带领人马，埋伏青云山下。

燕必达奉杨幺之命，从后山抄小路来至湖口下船。上了洞庭君山，进殿朝见杨幺已毕，将老大王的书送上。杨幺看毕，十分慌忙，递与军师屈原公观看。屈原公说道："朝内必有奸细！不然韩世忠怎么知道藏金窟在哪，为今之计，只有先发兵去解了蛇盘山之围再说。"杨幺即命奇王钟义同燕必达领兵五千，速去救应。

奇王得令，带领人马和燕必达渡过洞庭湖。刚至湖口，正巧遇到杨宾和四个统制前来相迎。两边相见，一同前往大路火速而行。到了青云山下，忽听得一声炮响，两边伏兵齐出，却是杨再兴奉岳元帅将令，再次堵截援兵，杨再兴战不了几个回合，就捉了奇王，交与徐庆，接着拍马来捉杨宾。杨宾正要逃走，后边转过四员统制一齐上前，把杨宾拿下。这四人原来是赵云、周青、吉青、梁兴。原来他四人奉韩元帅军令，假装解军，杀了假王横，放了杨宾，并随他进入了藏金窟。杨再兴同赵云等四人，将五千喽啰追杀一阵，杀死大半，其余尽皆降伏。

赵云、梁兴等四人，飞马来至蛇盘山叫关。守山军士见是四人，放上山来，见了杨幺道："燕必达已投往潭州城去。奇王领兵来劫韩营，约明放火为号，大王可即领兵下山，前后夹攻，擒拿韩世忠。"正在说话，忽见喽啰来报："山下火光冲天，喊杀不绝，想必是救兵到了。"

杨幺命五公子杨会和左卫将军管师彦、右卫将军沈铁肩，带领三千喽啰下山接应。众人行不到几里，四边山坳里金鼓齐鸣。一声炮响，牛皋等四将伏兵一齐杀出，将杨会等三人截住乱杀。杨幺这才知道中了韩世忠的伏兵之计。杨幺让丞相邬天美守着山寨，自己点齐二十名护山太保，率领了两千名护山喽啰兵，杀入阵中助战。混战中，杨再兴生擒杨枭。牛皋捉住了杨会。韩彦直将管师彦斩于马下。沈铁肩正没处逃命，被吉青一棒打下马。

韩元帅催动人马，直杀至蛇盘山下。燕必显逃出监牢，见势不妙，将杨氏一门百余口尽皆拿下，献了蛇盘山寨。韩元帅放火烧了山寨，拔寨回兵。韩元帅同众将领将粮草押解至潭州，到岳元帅营中交纳。两人见面，说起此次大捷，都很高兴。岳元帅传令，将杨枭一门全部斩首，燕必显归降并非本心，一并斩首。

杨幺得到自己一家老小被斩首的消息，放声悲哭，发誓要踏平潭州，替爹娘兄弟和杨家一家大小报仇雪恨。军师屈原公说道："大王，现在蛇盘山已失，我军人心未稳，不宜出兵。先调动各路人马，然后发兵潭州方为上策。"杨幺听了，觉得有理，于是只好先派人去各地调动人马，又吩咐文武大臣全都挂孝，又命令军士在君山挂上漫山遍野的白布条遥祭杨家一百多冤魂。杨幺的二弟杨凡卧病在床，杨幺怕二弟知道，病情加重，命令将士们不许走漏消息。

再说岳元帅派差官将人头押解至临安，并上奏高宗。高宗大喜，传旨将首级交刑部号令都城。再命户部颁发粮草彩缎，工部发出御酒三百坛，着礼部加封，派遣内臣田思忠前往潭州岳元帅军前，犒赏三军。

第三十一回　牛皋负气砸酒坛

话说田思忠领命到户部领了粮草，接着又到工部领了三百坛御酒，再到礼部来加封条。田思忠把酒送到礼部。礼部侍郎秦桧却不在府中，只有夫人王氏在家。田思忠说明来意，秦夫人听了说道："田大人稍候片刻，官人不在家，奴家这就派人去寻他回来。"这秦桧夫妇早就被金兀术收买，一心想要助他夺取天下。秦夫人看到岳飞在前方打了胜仗，皇上非常高兴，担心有一天岳家军的势力越来越大，于是，一个歹毒的念头在心里酝酿。这王氏夫人暗暗叫心腹家将，将毒药在每坛酒里放上一把，想毒死岳飞及一班将士，好让金兀术来夺取宋朝天下。这等心肠，简直比蛇蝎更毒。到了第二天，秦桧不知就里，将三百坛御酒加上封条，让田思忠将其与粮草等物一起运往潭州。

田思忠小心押运，日夜兼程，来到潭州。岳元帅得报，急差人到水口，请韩元帅进城一同接旨。岳元帅考虑到将士众多，三百坛子御酒不够分，又叫军士去买民间的酒来冲和这御酒，才够犒赏三军。

这边岳元帅、韩元帅正在接旨。牛皋得知御酒送到，勾起了馋虫，就独自来到教场，刚走到车子跟前，就闻到一阵酒香。牛皋兴奋起来："妙啊！让我打开一坛来看看，不知御酒是怎样的。"便去将一坛酒的泥头打开，忽然一阵浓烈的酒气冲入七窍，钻入大脑，牛皋霎时间只觉得头一阵疼痛。牛皋心想："咦！这酒有些奇怪。"回转头来，看那车夫立在后边，就对车夫说："兄弟，你要喝点酒吗?"车夫自然高兴，说："若是老爷肯赏小人，那就太妙了!"牛皋拿了车夫的瓢，去坛里兜了一瓢酒，递给车夫："快些吃了，我再赏你一瓢。"这车夫是个贪杯的，接过来，两三口就吃完了。这酒下了肚，车夫一跤跌倒，满地乱滚，不多时，七窍流血而死! 牛皋见了大惊，喊道："我等血战疆场，九死一生，立下了多少汗马功劳，这昏君名为犒劳我们，其实是想用毒酒毒死我们!"牛皋一边喊，一边拿起两条铜来，将这三百坛御酒全部打碎。

牛皋走上来，大叫道："元帅先把钦差杀了，然后进都面圣，问他为什么赐毒酒来药死我们?"岳元帅问道："何以晓得是毒酒?"牛皋道："那差人吃了，顿时七窍流血而死! 所以我一气之下将酒坛全部打碎。"岳元帅问道："还剩得有没打破的酒坛子么?"牛皋回道："没有，因为我气不过，所以全部都打碎了。"岳元帅听了大怒，命令左右："把牛皋绑去砍了!"韩元帅叫道："且慢!"于是向岳元帅说道："若不是牛将军打碎酒坛，我等尽遭其害，所以牛将军不但无罪，而且有功。"田思忠见此情景也是暗中庆幸，趁机说道："岳元帅，下官知道你治军严明，但是牛将军识得酒中有毒，不但救了元帅和三军将士，也救了下官一命。他的确是如韩元帅所说：不但无罪，而且有功。恳请岳元帅饶恕牛将军。"岳元帅说道："既然二位说情，那我把牛皋赶出营去!"牛皋说道："我是要跟随元帅，不到别处去的。"岳元帅道："我这里用不着你，快快走出去!"牛皋再三恳求，岳元帅只是不留，牛皋只得上马去了。

岳元帅面向田思忠问道："这酒是何衙门造的?"田思忠道："这酒是工部制造的，押解到礼部衙门加封。因秦大人有事，久等不回，这酒是秦夫人加封。下官领出之后，一路送来，中途并无差池。"岳元帅道："钦差大人先请回京复旨。待本帅平了洞庭贼寇，立刻回京面圣，查究奸臣，以正国法。"田思忠答应一声辞别二位元帅，起身回京。

牛皋被赶出了营，行了几十里，只觉得腹中空空，四肢无力。只见前面有一座大山，山里树木葱茏，景色宜人。牛皋强打起精神走了过去。走到一处绿树掩映的好去处，只见一个青衣道童立在林下，道童一脸稚气，却有仙风道骨。牛皋走过去问："这位小哥，这山上可有寺院？"道童回答道："此山名叫碧云山，并无寺院。只有我师父在此山中修炼。我师父精通道法，有呼风唤雨的本事，他还会撒豆成兵之术。"牛皋问道："你家师父姓什么？叫什么名字？"道童回答道："我家老祖姓鲍名方。他早上对我说道：'你可下山去，有一骑马将军叫作牛皋，倘若他到来，你可引他来见我。'"牛皋说道："我就是牛皋，你可领我去见你师父。"

来到山上，只见有一个非常隐蔽的山洞，牛皋进了洞门，见了老祖说道："道长，牛皋向你请安了。我肚中饥饿难耐，可有酒饭，拿些来与我充饥。"老祖听了，叫道童拿出些素饭来与牛皋吃。牛皋将自己打破酒坛被岳元帅赶出来之事一一说明，老祖听了说道："既然你今天来到这里，也是你我有缘，你何不随贫道出家，倒也逍遥快活？"牛皋心中暗想："我与大哥立下许多功劳，昏君反要将毒酒来害我们。不如在山中出家，无拘无束，将来老死山中，还落得个善终。"想到这里，拿定了主意，连忙跪下道："弟子牛皋情愿跟着师父出家，不问红尘。"鲍方老祖听了说道："你既然愿意出家，就要遵守清规戒律：一要戒酒，二要除荤，三要戒情戒色，方可出家，你能做得到吗？"牛皋全都答应。老祖便叫牛皋将马笼头鞍辔卸下，大喝一声，那马飞也似的上山去了。鲍方老祖又命牛皋卸下盔甲，来到山下一井边，说道："牛将军，你如果真的愿意出家，你就把盔甲鞍辔都放下去。如果你现在反悔还来得及。"牛皋听了二话没说，将盔甲鞍辔扔到井里，然后跟着鲍方老祖上山去了。

两人来到山洞，老祖叫牛皋先坐下歇息，过了一会儿，老祖拿出一身道袍，一块方巾，一把戒尺来到牛皋面前，说道："牛皋，我今收你为徒，取名'悟性'，从今以后你要潜心修道，不要记挂身外之事。如果你违反道家规矩，我随时可以把你赶下山去。"牛皋听了唯唯诺诺。老祖把道袍交给牛皋，牛皋换了道袍。他看了看自己，忍不住哈哈大笑道："看我这身装扮，简直就像一个火烧道人了！"从此以后，牛皋在就在碧云山做了道人，潜心修道。

第三十二回　探君山岳飞遭劫难

　　话说杨幺这一日与屈原公商议，屈原公说道："臣有一计，再命王佐去请岳飞来看君山，就说有路可以经过君山的宫殿。等他来时，四面放火，把那岳飞、王佐一同烧死，内外大患尽除。倘若王佐推托，就将他的家小收押做人质，这样一来，他自然肯去。"杨幺大喜，便宣王佐来，将此计说与王佐。王佐奏道："上一次骗岳飞赴会，被他走脱。如今再去骗他，他怎么肯信？"

　　王佐还想推托，杨幺吩咐手下把王佐的家小带进宫中，名为保护，实乃人质。王佐没办法，只能前去潭州找岳飞。到了潭州城，来到帅府，岳飞出来将他迎接进帐。王佐说道："前日之事，都是屈原公设下的计谋，愚兄一无所知。今日前来，一来是向兄弟赔罪，二来有事告知。"王佐说罢拿出洞庭湖的军事布防图和进攻君山宫殿的路线图交给岳元帅。岳元帅看了，一脸兴奋。王佐说道："今夜大哥同小弟同去君山观看，湖内有条暗路可上宫殿。若大哥看明此路，杨幺指日可破。"岳飞应允，王佐告辞而去。

　　众统制齐来禀道："王佐此次前来绝非好意，不可前去！"岳飞道："本帅已经答应了，岂有不去之理？"接着写信给韩元帅，约他前来接应。又命张保、张宪、岳云、杨虎同去。

111

岳飞同王佐众人上了君山，正在偷看时，只见四面火箭齐发。君山左右前后都被预先堆满干柴枯草。火箭一旦落下，登时烈焰飞腾，冲天火起。岳飞和众人都被困烟火之中。他们在火焰之中无法分清彼此，只好不顾性命地冲下山来。岳云在烟雾里遇着王佐，以为是父帅，二话没说一把抱住，当先走马前行。岳元帅在火中突围出来，眼睛都熏得红肿不堪，再看张保、张宪也分别突围出来，他们俩被火烧得焦头烂额。几人逃至水口，只见那杨虎赶来，遇见了众人道："那边去不得！桥已被他们拆断了！"众人正在着急，忽见韩二公子驾船而来，几人匆匆上船，等到杨幺和屈原公的兵将赶来，岳元帅他们早就脱离了险境。

上岸来到王佐寨门口，岳飞看见岳云将王佐捆在马上，就说："岳云，这是你王佐叔父，快放他下来。"岳云把王佐放下。岳元帅让王佐回寨。王佐羞愧不已，想起自己两次加害岳飞，岳飞却没有怪他，还是把他当作哥哥看待。而自己一心一意为杨幺卖力，杨幺却要放火烧死自己。

再说杨幺第二次想置岳飞于死地没有成功，心中闷闷不乐。这时，德州王崔庆奉旨带兵前来支援岳飞。杨幺连忙叫来军师屈原公一起商议。因其手下伍尚志的三军就在离潭州不远的地方，杨幺决定让他发兵攻打潭州。伍尚志领命，率领喽啰来到潭州城下讨战。守城军士看到杨幺的大军前来攻城，慌忙来到帅府禀报岳元帅。岳元帅闻报，带领众将出城，摆成阵势。

岳飞见伍尚志威风凛凛，相貌堂堂，是个人才，便劝伍尚志弃暗投明，归顺朝廷。伍尚志却认为牛头山之战、黄天荡之战后，金兀术大败而逃，本来可以收复失地迎回二帝。可昏君却主张议和，迁都临安。有这样的昏君在，大宋没有希望。一言不合两人厮杀在一起。伍尚志举起方天戟劈面刺来；岳飞挺起沥泉枪大显神威。两军将士看得摇旗呐喊，鼓声急促响起，两人越战越勇。一直大战到百十余个回合，不分胜败。天色已晚，各自收兵。

伍尚志回山，见岳飞本事高强，一时难以取胜，就想出一个办法。他向杨幺要了三百只水牛，用松香沥青浇在牛尾上，再把牛角上缚了利刃。伍尚志准备在临阵之时，将牛尾点着，水牛烧痛了尾巴，自然往前飞奔冲出。到时宋军猝不及防之下，必然大败。这时再趁着宋军大乱，率兵掩杀，必然将岳飞等擒获。

次日，伍尚志将火牛藏于阵内，一马当先，来到城下讨战。城内岳元帅率领众将出城迎敌。两军尚未交锋，伍尚志命令军士将火牛烧着，让开一条路来。那水牛尾巴烧着了，疼痛起来，拼命地往宋军阵地飞奔，牛角上的尖刀锋利无比，火牛所到之处，宋军非死即伤。岳元帅见伍尚志运用火牛阵冲锋，势不可挡，连忙鸣金收兵。众将士一齐往回撤，可那水牛负痛，乱撞乱冲，如排山倒海之势，这些军士但恨爹娘少生了两只脚，飞奔入城，跑得慢的被火牛踩死踩伤，惨不忍睹。宋军进城之后，立刻将城门闭上。自从征战以来，岳元帅第一次遇上了真正的对手，心中十分忧愤。伍尚志见岳元帅大败进城，鸣金收军。

伍尚志回君山将战况禀报杨幺，杨幺欣喜若狂，为了对伍尚志表示嘉奖，杨幺决定将公主嫁给伍尚志。伍尚志大喜过望。当日就在君山举办婚事，伍尚志和公主拜了杨幺，然后夫妻对拜，送入洞房。谁知新娘子双眉含冤，两泪交流。一问之下才得知，公主并非杨幺亲生女儿，是在她三岁的时候，杨幺杀了她的父母兄弟，夺了她家财物，将她当作女儿抚养。原来，这公主姓姚，她的姑母就是岳飞的母亲，算起来她就是岳飞的表妹。如今要嫁人一定要表哥亲自做主。伍尚志听了公主一番话，才知道杨幺原来是一个打家劫舍、杀人放火的强盗。而岳飞才是个真正的大英雄。于是同意了公主请求，愿意弃暗投明，只是暂时瞒过杨幺，只等机会到来就去投奔岳飞。

再说那碧云山上的牛皋，过了几天就有些耐不住凄凉。一日，他瞒了师父，偷偷下山。走了一会儿，有些累了，便坐在林中的一块石板上歇息。忽见一只水牛奔进树林来，那水牛尾巴烧焦了，牛角上还扎着两把利刃。这是伍尚志火牛阵中逃走的，没想到竟然走到碧云山来了。牛皋上前一把捉住水牛，心里寻思："自从来到山上，每日吃素，实是难熬。天赐此牛到这儿，想必是送与我享用的。不然，为什么角上还带了两把刀来?"牛皋将角上的刀解下来。那水牛已经没有精神了，只好听从命运的安排。牛皋杀了牛，拾些枯枝干柴生起火来，把牛肉烤得半生不熟的就大吃起来。没想到此事被师父知晓，老祖怒道："牛皋，既已出家，为何不守清规，你还是下山去吧! 岳飞在君山遇阻，你可助他脱困!"随后，老祖从怀中拿出一个小葫芦，从中取出两粒药丸交给牛皋，他说："此药丸就当为师送你的下山礼物，你好生收着，日后有大用!"

牛皋拜别老祖，骑马下山。他骑在马上一边走，一边想：上回被大哥赶了出来，哪有脸再回去，不如我上洞庭湖杀了杨幺，立一军功，就可以风风光光地回去了。想到这，牛皋打马奔洞庭湖君山而去。

再说杨幺那边，召集众将，商议攻打潭州。伍尚志说："岳飞据守城池，不出城应战，一时难以取胜，不如遣人假意议和，再作打算。"余尚文和余尚敬说道："臣有计可破潭州，大王可差人在七星山上搭一高台，待臣前去'作法'，召来'天兵天将'，定能攻下潭州。"杨幺求胜心切，于是应允，命人到七星山上搭高台。随后，余尚文与余尚敬前去"作法"。

七星山上升起了烟雾，吸引了刚好赶来的牛皋。他寻着一条山路，悄无声息地来到山顶，看到了在高台上"作法"的余氏兄弟。他二人身穿道袍，挥舞长剑，口中念念有词。仔细一听，原来他们是在对岳飞"作法"加害。牛皋暗笑，哪里来的臭道士搞这套鬼把戏，看我怎么收拾你! 他从身后抽出双锏，轻轻一跃，上了高台，大喝一声："看我双锏!"余氏兄弟被这一声吓蒙了，还以为他们召来了"天兵天将"。

牛皋一锏下去，砸死了余尚文，余尚敬拔腿就跑，被牛皋甩出的

"飞箭"取了性命。牛皋很是得意，他取了二人首级，也不与涌上来的兵士恋战，抢了一匹马下山去了。

牛皋一路飞奔到潭州，见到了岳飞。他把上山随道祖学艺，受道祖之命下山助岳飞破敌之事一一细说，只是隐瞒了他杀牛吃肉的环节，重点炫耀了他在七星山上杀贼道的过程。岳飞看牛皋改变不小，就让他留在军中继续效力。

第三十三回　战杨幺大破五方阵

话说王佐自从上回骗了岳飞之后，一直感念岳飞义气，想要报答，就约了西耳木寨的严奇，一起前去投奔岳飞。严奇之子严成方少年义气，想与岳飞之子岳云比试一番。因杨幺的大军在水寨练兵，严成方不能如期赴约，王佐命儿子王成亮前去知会岳云。王成亮到了营门前，话还没说几句，就被守营统制戚方所杀。岳飞命人将戚方重责三十棍，送到王佐处请罪。戚方本因王佐屡次哄骗，一气之下，杀了王成亮，却被元帅责罚，因此怀恨在心。而严成方与岳云不打不相识，结为好兄弟。

一日，长沙王罗延庆讨战，岳家军杨再兴出马打头阵。这两人曾经交往甚密，是结拜兄弟。在对战中，杨再兴劝罗延庆归顺，罗延庆见岳飞重情重义，欣然应允，决定先留在敌营做个内应，协助岳飞破了杨幺，将其作为觐见之礼。

屈原公调齐各路人马，演习五方阵势，要与岳飞一决雌雄。探子报知岳元帅，岳元帅决定夜探敌营。这一天晚上，岳元帅带了张保悄悄出城。来到一片树林中，岳元帅爬上树顶，偷看贼营动静。正看之间，忽然听见一声弓弦响动，不知从哪里射来一箭。岳元帅正要躲闪，却只觉得肋上一阵疼痛，原来已经中了一箭。这一箭中得很深，岳元帅疼痛难忍。张保见岳元帅伤得厉害，慌忙背起他，趁着黑夜，高一脚低一脚飞奔进城。到了帅府，张保把岳元帅放在床上，此时岳元帅已经昏迷过去，人事不省。岳云看到父帅昏迷，吓得魂不附体，他将箭头取出来一看，原来是一支毒箭。众将听到消息，一同前来探视。大家看到岳元帅口吐白沫，伤口流出黑血，就知道伤势严重，命在旦夕。岳云和众将见此情形，忍不住大哭起来。牛皋叫道："大家不要哭，岳元帅他死不了。我这里还有两颗师父以前给的灵药可以救元帅的。"众将听了，俱各拭干了眼泪。牛皋让岳云端来一碗开水，从身上取出一粒丹药，放在开水里调和均匀，灌在岳元帅嘴里。过了一会儿，只听岳元帅大叫一声："疼死我也。"然后苏醒过来。这颗灵药果然有起死回生之功效，岳元帅服药后翻身坐起，脸色也好多了。众将见岳元帅转危为安，这才长吁了一口气。众将发现这支暗箭是本营的将官放的，想要追查。但岳飞却以德报怨，没有追究，希望此人痛改前非。

这一日，杨幺升殿跟屈原公商量，五方阵已经演练纯熟，可命王佐前去诱敌，待岳飞发兵前来，就命王佐截住他的归路，再命崔庆、崔安居左，罗延庆、严成方在右，二大王杨凡统领中军，四面夹攻。此外还要命花普方驾着战船，与韩世忠交战，以防他救应岳飞。

屈原公离去之后，杨钦自荐，可前去岳飞营中，假装与岳飞讲和，再暗中打探消息。若是岳飞愿意罢兵息战，大家相安无事，也好趁机扩充实力。杨幺听了觉得有道理，命杨钦前去议和。这时，驸马伍尚志也表示愿意同往。这下歪打正着，杨钦本是岳飞的内应。伍尚志被公主劝服，也想投靠岳飞。只是他们互相还不知道对方是敌是友。

到了潭州，元帅请二人进帅府相见，假意将二人各房拘禁，暗暗叫军士送上酒饭。夜里，分别见了杨钦、伍尚志。杨钦将屈原公五方阵的情况及对战安排据实以告。伍尚志则把自己得胜归营、招为驸马之事说了一遍。他告诉岳飞，此次前来，正是向元帅请命，以安公主之心，待打败杨幺，就请岳飞做主，与公主成婚。岳元帅又叫杨钦与伍尚志见面，三人把话说开，都很欢喜。来日，以"两国相争，不斩来使"为由，二人回去缴旨。

话说岳元帅得到杨钦、伍尚志的情报，又有罗延庆、王佐、严奇、严成方等人作为内应，他对杨幺的兵力部署有了七八分把握，为了尽快收兵回朝，岳元帅决定最后一战定乾坤。

为了做到有备无患，岳元帅调齐人马，约定韩元帅水陆会剿。他分拨杨虎、阮良、耿明初、耿明达、牛皋五人，来助韩元帅，由水路进发。自己同众将出了潭州城，安下大营，准备与杨幺决战。这一天，岳元帅升帐，聚集一班众将说道："杨幺手下在军师屈原公的演练下，摆下了一个'五方阵'。按金、木、水、火、土各路埋伏，前后左右俱有救应。各将进攻之时多多防范两翼，谨防伏兵突然袭击。大家只要奋勇向前，没有突破不了的阵型。我们的内应到时候自然会协助我们捉拿杨幺。各位兄弟，成败在此一举，请大家务必做到令行禁止，违令者军法处置。"众兄弟齐声说道："元帅放心，我等竭尽所能，听从指挥。"

韩元帅已得了岳元帅会剿日期，即命杨虎、阮良、耿明初、耿明达各驾小船，往来截杀，牛皋在水面上救应。自己带领二位公子及各位副将，摆开大战船杀来。岳营众将依次冲入。"五方阵"内，虽有严成方、罗延庆了得，但二人已怀归顺之心，自然不肯出力。只有小霸王杨凡这杆枪十分厉害，在阵内抵挡各路兵将。

王佐来见岳元帅，献了东耳木寨。不一会儿，伍尚志差心腹家将，驾船来到岸边，请元帅上山。元帅令三军上了战船，带领张保、王横下船，直至杨幺水寨，奋力杀敌还放起火来。众喽啰飞奔逃命，岳飞杀上山来，杨钦接应，指引军兵，将杨幺家眷杀尽。伍尚志领了公主下山，放起一把火，将大小宫殿营寨烧个干净。

岳营众将按照部署，从东南西北四个方位依次冲入"五方阵"内。余化龙、周青、赵云从西门杀入，正遇着崔庆。余化龙和崔庆大战了几十个回合，一枪将崔庆刺于马下。众喽啰见主帅已死，无心恋战，东奔西跑，被周青、赵云杀得丢盔弃甲。

何元庆、吉青、施全从正南杀入敌营，被崔安拦住厮杀。那崔安哪里是何元庆的对手，战不到七八个回合，被何元庆一锤打下马。

岳云、王贵、张显又从北方杀入，接应西南两路。那岳云一对银锤威力无边，那些喽啰见了闻风丧胆。贼将金飞虎不知岳云的本事，挥舞着狼牙棒迎了上来，被岳云架开狼牙棒，一锤拦腰打去，把金飞虎打飞。岳云杀得兴起，追赶着那些喽啰不放，追到前面，正好与余化龙、何元庆两路人马相遇，于是合兵一处，杀向中央。

在正东方位，张宪同郑怀、张奎率兵杀入，正好遇上贼将周伦舞着双鞭来战张宪。郑怀见周伦迎战张宪，斜刺里一棍打来，将周伦打于马下，再一棍子打下去，周伦当场气绝身亡。

恰在此时，杨再兴和张用、张立一齐冲入中央。五路人马从四面八方杀向中央。正中央是杨幺的弟弟杨凡把守，那杨凡号称"小霸王"，一杆枪十分厉害。他在阵内抵挡各路兵将，虽有严成方、罗延庆相助，二人却早已怀着归顺之心，一时间竟不见人影。

杨凡不见罗延庆、严成方踪影，他的心里火冒三丈，正要找他们发难，只见二人拍马过来。杨凡和杨再兴两个厮杀在一起，真可谓棋逢对手，将遇良才，两个人打了七八十个回合不分胜负。严成方见杨再兴一时打不败杨凡，大叫一声："杨将军，我来也！"说罢拍马过来。杨凡以为严成方是来帮他的，哪里想到严成方拍马近前，一锤向他打来。他躲闪不及，被严成方打于马下。杨再兴拍马过去取了杨凡首级。

罗延庆见杨凡一死，大声叫道："杨凡已死，罗延庆归顺岳元帅了，你们愿意归顺的放下手中兵器，不愿意归顺的各自逃生去吧！"罗延庆话音刚落，只见那些喽啰纷纷丢下手中的兵器跪地投降，那些不知死活的几个偏将垂死挣扎，被罗延庆一一降伏了。至此为止，五方阵告破，阵内所有的喽啰见主将死的死，降的降，他们只好四散逃命，还有跟着罗延庆从长沙一起来的军士全都投靠了岳家军。

此时，屈原公得知消息，手足无措，仰天长叹，遂自刎而死。这就叫"大破'五方阵'，逼死屈原公"。

第三十四回　六路先锋震贼胆

这边战况未决，那边狼烟又起。这一日，岳元帅接到探子来报，金邦四太子兀术，调领六国三川各路人马，共有二百余万，来犯中原，已经快到朱仙镇了。岳元帅传令军政司，点齐七队人马，每队五千，等候发令。岳飞又发了好几道文书，命令官差去通知各路节度使到朱仙镇会合。

岳元帅正在调拨人马增援各路，只见何元庆、余化龙、岳云、张宪、杨再兴等人破了五方阵凯旋。接着又有探子来报："韩元帅大败了杨幺，杨幺弃船下水。杨虎、阮良等一齐下水捉拿去了。"岳元帅吩咐再去打听。

岳元帅令杨再兴领兵五千，为第一队先行。令岳云领兵五千，为第二队，速往朱仙镇救应。第一队、第二队人马已经开拔，又有何元庆同严成方进营缴令。元帅令严成方为第三队，率领五千人马前去接应岳云。又令何元庆为第四队先行，余化龙领兵五千，为第五队，速奔朱仙镇助阵。罗延庆收纳降兵随后赶来，岳元帅又令罗延庆暂代统制之职，带领五千人马前去救应。

六队人马都已开拔，过了一会儿，伍尚志进营缴令。岳元帅说道："贤妹夫来得正好！我早上已命潭州节度使徐仁，叫他整备花烛。只因金兵犯界，情况危急，我没有时间亲自为你们举行婚礼，只好委托徐大人为你们主婚。妹夫可同表妹进城，今晚成了花烛。明日领兵五千为第七队救应，赶往朱仙镇，不可有误！”伍尚志谢了元帅，出来同姚氏进城，当夜成了亲。次日早晨，伍尚志辞别新婚妻子，率领五千人马风风火火奔朱仙镇去了。

韩元帅这边捉了杨幺，命令绑到岳元帅营中。岳元帅说：“杨幺犯了叛逆大罪，理应押解临安处斩，但我要速往朱仙镇去，恐途中有变，只好权宜处置，将他砍了。”于是吩咐军士绑去砍了！将首级差官送往临安奏捷。又令牛皋往各路催粮，到朱仙镇来接应。此时岳元帅与韩元帅共有三十万大军。二位元帅放炮拔寨启程，一路浩浩荡荡往朱仙镇而来。

杨再兴率领五千兵马为第一队先行，一路上昼行夜宿，此时正值十一月天气，只见四下里彤云密布，大雪飘扬，山舞银蛇，原驰蜡象。道路被雪覆盖，非常难行。杨再兴带着军士们冒着风雪而行，一连走了两天两夜，来到离朱仙镇不远的地方。杨再兴命令士兵安营扎寨。

次日清晨，杨再兴带着几个头领来到一个高坡处观察敌营动向。只见金兵营地帐篷漫山遍野，估计金兵人数有几十万。为了打探敌军军情，杨再兴决定单枪匹马前去踹营。他冲进敌营不到一个时辰，一连把四员敌军大将送去见了阎王。四队金兵共计有二十余万，见主将已亡，大败而走。杨再兴在后追赶，冲进小商河。杨再兴立功心切，连人带马，陷在河里。金兵见杨再兴被困，那箭弩像雨点一般射来。杨再兴拿枪左遮右挡，哪里抵挡得住？可怜杨再兴出师未捷身先死，长使英雄泪满襟。

等第二队岳云赶到朱仙镇，得知杨再兴被乱箭射死，悲痛不已，立誓要为杨再兴报仇。岳云拍马摇锤，直抵金营，大叫道：“番奴们听着，岳小爷来踹营了！有喘气的给我出来。”说罢，抡起双锤左右翻飞，那些金兵哪里抵挡得住？他们看到这少年将军和先前那个将军本事不相上下，慌忙向两边闪开。岳云逢人便打，打得众金兵东躲西逃，自相践踏。

恰好第三队严成方也赶到了，当他得知结义大哥岳云单枪匹马前往金营，有点放心不下。他吩咐三军安下营寨，翻身上马，抢起紫金锤冲向金营。到了金营大喝一声："严成方踹营来了。"说罢，抢起双锤从东打到西，又从南打到北。严成方碰上了岳云，两人合兵一处，金锤、银锤大显神威。

就在岳云、严成方进金营厮杀激烈之时，那第四队何元庆也领兵前来，何元庆得知杨再兴被杀，岳云、严成方前去踹营，吩咐三军扎下营寨，自己立刻上马，舞动着双锤冲向金营。来到金营中，看到无数金兵金将围着岳云、严成方厮杀，于是大喝一声："呔！番奴！何元庆来也！"说罢他舞动双锤，杀进金营包围圈内。三人合兵一处，六大锤从这头打到那头，又从那头打到这头，金兵死伤无数，还没有退却之意。

再说第五队余化龙兵马赶到，听了军士禀报，知道三位先锋已经陷在金营中出不来，连忙吩咐军士扎下营寨，一人一马冲入金营，大叫一声："番奴闪开！余化龙来也！"说罢他把银枪一起，冲散金营七层围困师，撞翻八面虎狼军。

过了不久，那第六队罗延庆的人马也到了，众将士又将前事说了一遍。罗延庆闻言，大怒道："番奴实在可恶，尔等先扎下营盘，等我去杀尽番奴，与杨将军报仇！"说完，一马飞奔而去！罗延庆来到小商河，只见哥哥杨再兴被射死在河内，全身就像刺猬，慌忙下马拜了两拜，拜罢揩干眼泪，上马提枪，竟往金营而来，杀入重围。他不管三七二十一一路打去，那些金兵哪里抵挡得住？罗延庆一直杀到包围圈内，叫一声："各路先锋在哪里？罗延庆来也。"何元庆听了回道："罗将军，我们在这里。"罗延庆杀了过去，五位先锋合在一处，奋力拼杀。

第七队伍尚志也赶到了，众将士将前事禀上。伍尚志吩咐三军扎住营盘，飞马来至金营，舞动银杆画戟，杀进金营，冲到了里面，只见岳云、严成方、何元庆、余化龙、罗延庆都在包围圈内，伍尚志叫声："各位！我伍尚志也来了！"

六大先锋在金营内厮杀，锤打枪刺，大显神威。金兵重重包围，水泄不通；六位先锋拼死突围，直战得天昏地暗，日月无光！

第三十五回　王佐断臂假降金

　　金兀术看到营地里尸骸满地，血流成河，死了不知道多少人。一面吩咐军士将尸首埋葬，一面将带伤军士送到后营医治。一切善后事宜办妥之后，金兀术想起秦桧回国之后，还没有跟他联系，他决心一定要把秦桧这颗棋子用起来。

　　秦桧此时在临安过得如鱼得水，暗中结党营私，网罗人才。他凭着三寸不烂之舌和超乎常人的应变能力，讨得了高宗的欢心。高宗在朝堂之上当着文武百官的面，封秦桧为礼部尚书。这一次，因新科状元张九成前去参见时，没有带礼物孝敬秦桧，秦桧在圣上面前参了一本，先是让张九成去岳飞阵前做参谋，后又下圣旨，让他去金国侍奉二圣。汤怀自告奋勇要将张九成送到金营，自己却被金兵围住，汤怀不堪受辱，自刎而死。

　　这一天，金兀术正和军师商议如何抵御岳家军，忽然小兵进帐禀报："殿下到了。"当年金兀术攻破潞安州，潞安州节度使陆登为国尽忠，陆夫人为丈夫殉节之后留下了一个孤儿名叫陆文龙。金兀术将他收为义子，抚养长大，又教他功夫。陆文龙年方十六岁，他的身板结实，弓马谙熟，双枪本事无人能比。

　　陆文龙询问当前战况，兀术就把杨再兴战死小商河，岳云、严成方等连番大战告诉了他。又说，因对营有十二座宋军营寨，况岳飞十分厉害，所以金兵部队不能前进。陆文龙主动请战。到了宋营，岳飞令呼天庆、呼天保应战。陆文龙年纪虽小，本领却大，不下十个回合，就取了二将性命。于是，岳云、张宪、严成方、何元庆四人决定同去会战。元帅认为四人不可齐上，命令一人先与他交战，战了数回合，再换一人上前，这叫"车轮战法"。金兀术知晓"车轮战"的厉害，连忙传令鸣金收兵。

到了次日，陆文龙又来讨战。岳元帅仍命岳云等四人出马，余化龙同去助阵。陆文龙与五员宋将轮流交战，全无惧怯。直至天色将晚，宋营五将见战不下陆文龙，吆喝一声，一齐上前。那边兀术率领众人，也一齐出马，接着混战一阵。天已昏黑，两边各自鸣金收军。

话说一连几日，陆文龙挑战，宋军打不过陆文龙，岳元帅只好高挂"免战牌"，另寻对策。王佐看到岳元帅整天愁眉不展，心中非常焦急。他想起元帅一直在为陆文龙的事情伤脑筋，心里寻思着："我自从归顺朝廷，还没有立下什么功劳，如果想出一个好计策解了困境，才能对得起朝廷，为元帅分忧。还可以留一个好名声载入史册。这才是大丈夫所为呀。"

突然，他想起春秋战国时期有一个"要离断臂刺庆忌"① 的故事，心里一亮，就想效法古人要离断臂，混进金营。这样一来说不定可以靠近兀术，亲手杀了他。他一连喝了好几碗酒，趁着半醉半醒的时候，拔出腰间的宝剑砍下了自己的右臂。

王佐将断臂包好，藏在袖中。独自一人悄悄来见了元帅，将自己的想法说出。岳飞闻言流泪道："贤弟！我自有良策，可以对付金兵，你又何苦伤残此臂！赶紧回去，找医官调治一下。"王佐说道："若哥哥不许

---

① "要离断臂刺庆忌"的故事主要讲述了春秋时期的刺客要离奉吴王阖闾之命，以苦肉计获得庆忌的信任，后将其刺杀的历史事件。

王佐断臂见岳飞

我去，我就自刎，以表心迹。"岳元帅听了，不觉失声大哭道："贤弟既然决意如此，可以放心前去！家中老小，我会替你照料好的。"王佐辞别元帅，出了宋营，连夜往金营而来。

王佐来到金营，要求见金兀术。金兀术闻报，传令宣进来。王佐进帐跪下行礼。金兀术见他脸色苍白，衣服上沾满鲜血，问道："你是何人？为何这般模样？见我有何要事？"王佐听了痛哭流涕："我本是杨幺帐下东胜侯王佐，被岳飞弄得国破家亡，只能假意归顺。这几天陆文龙去挑战，岳飞的人都打不过，他无计可施，召大家商议。我认为，高宗信任奸臣，十分昏庸。现在金兵六十余万，如同泰山压顶，宋军肯定打不过，不如差人讲和。那岳飞大怒，砍去我一只胳膊，让我来报信，说他即日就要来踏平金国，捉拿狼主。"王佐说完放声大哭，随即把那断臂呈给金兀术。金兀术见此惨状，心生怜悯，在场的人看到王佐落到如此地步，也忍不住悲悯落泪。金兀术对王佐说："本王见你也是苦人儿一个，本王就封你'苦人儿'官职，你就留在本王身边，本王供养你一生。"

王佐听了感激涕零。金兀术又对左右说道："王将军是我的贵宾。本王特许王将军任意选择住所，可以自由出入营帐，若有不服者，军法处置。"众将听了唯唯诺诺。

王佐自从来到金营，得到特许，每日穿营入寨，许多金兵见了王佐也不敢盘问，有的甚至同情他，邀他一起查看营地，或者请他喝酒聊天。王佐很快和这些金国的将士们都混熟了，大家无话不谈。

这一天，王佐来到陆文龙的营前，只见一个老妇人坐着。原来这妇人就是陆文龙的乳母，她是在陆文龙三岁的时候被兀术抢到这里，如今已有十三年了。王佐知道这个消息后，慢慢接近陆文龙，告诉陆文龙，他本是宋人，他的父亲也是宋朝的英雄。陆文龙这才知道自己认贼作父，因而发誓要杀了金兀术，为父母报仇。

　　王佐说服了陆文龙，心中暗自高兴。但是金营中还有一个厉害角色叫曹宁。这个曹宁就是曾经跟奸贼刘豫一同投奔金兀术、献出黄河渡口的曹荣之子。王佐跟曹宁熟悉了以后，把曹荣投奔金国的缘由讲了，曹宁这才知道，他爹曹荣原本是宋朝张所元帅手下一位节度使，受刘豫蒙骗，献了黄河渡口，投降了金兀术，被封为赵王，从此陷入了万劫不复之地。

　　曹宁得知前因后果之后，带着王佐的书信，投奔了岳元帅。他的父亲曹荣从金兀术那里知道儿子已归顺岳飞，前来宋营讨战。父子两个对战沙场，曹宁大义灭亲，杀了曹荣。岳元帅得知做儿子的杀了父亲，犯了人伦大忌，把曹宁赶了出来。曹宁羞愧不已，拔刀自刎。岳元帅吩咐把曹荣的首级割下来派人送往临安。

　　金兀术感慨："曹宁杀父，本是军功一件，但罔顾人伦，岳飞这么做，说明他恩怨分明，言必行，行必果，是个名不虚传的大英雄。有这样的元帅带兵，要想夺取宋室江山可不容易。"哈迷蚩对金兀术的一番话也颇有同感，他提议让秦桧想办法，尽快除掉岳飞。

第三十六回 大破连环阵，巧避"铁浮陀"

这天，金国元帅完木陀赤、完木陀泽带领"连环甲马"前来参见兀术。这"连环甲马"的战术被完木陀赤、完木陀泽练了好几年工夫才得以成功。兀术见了十分欢喜，让两位将军明天出马，把岳飞引到"连环甲马阵"，一举消灭。二人领令出帐，左右安营。

到了次日，完木陀赤、完木陀泽二人领兵来至宋营讨战。岳元帅便问："何人敢出马应战？"只见董先和陶进、贾俊、王信、王义一同上来领令。元帅就分拨五千人马，命董先率领四将出战。

完木陀赤、完木陀泽二人引得董先等赶至营前，这时传来一声炮响，完木陀泽、完木陀赤左右分开，中间金营里涌出三千人马来。那马身上都披着生驼皮甲，马头上俱用铁钩铁环连锁着，每三十匹一排。马上军兵俱穿着生牛皮甲，脸上亦将牛皮做成假脸戴着，只露出两只眼睛。一排弓弩，一排长枪，共是一百排，直冲出来。把这五位将官连那五千军士，一齐围住。刹那间四面八方枪挑箭射。

董先等人从来没见过这种阵势，那些宋军军士也一个个吓得失魂落魄。他们落入"连环甲马阵"，就像老鼠掉进铁桶里四处碰壁。尽管董先等五将本事高强，但是陷入了"连环甲马阵"之后也是英雄无用武之地。只见箭弩如飞雨，长枪短刀一齐袭来，不到一个时辰，可怜董先等五人并五千人马，全都死在阵内，只逃脱了几个带伤的士兵。

岳元帅得知，满眼垂泪："可怜五千将士，白白送了性命。早知是'连环甲马阵'，我应该嘱咐他们不要追赶。当年呼延灼将军曾用过这'连环甲马阵'，他被徐宁的'钩连枪'所破。要破此阵，只有'钩连枪'了。"岳元帅于是传令整备祭礼，遥望着金营哭奠了一番。

回到帐中，岳元帅就命孟邦杰、张显各带兵三千，去练"钩连枪"；张立、张用各带兵三千，去练"藤牌"。

到了次日，孟邦杰、张显、张立、张用各将所练的枪牌已熟，前来缴令。元帅就命四将去攻打金军，又令岳云、严成方、张宪、何元庆带领五千人马，在外边接应。孟邦杰、张显等四将到金营讨战。完木陀赤、完木陀泽两人带兵出营，战了数回合，诈败回营，引四将追来。只见那些小兵吹动口哨，打起驼皮鼓，一声炮响，三千"连环马"团团围上来。张立看见，吩咐军士用"藤牌"将四面遮住，这样敌军的箭射不进，枪弩也刺不进。孟邦杰、张显带领人马，打开"钩连枪"，一连钩倒数骑"连环马"，其余的马则被困在原地，开始自相践踏。岳云、张宪从左边杀入，何元庆、严成方从右边杀入，打得金兵无法抵挡。不一会儿，宋军就把"连环马"都杀死了。

这期间，奸臣王俊领了给朱仙镇送粮草的差事而来，王俊是秦桧的心腹，秦桧给他安排送粮草的任务一方面是要提拔他，另一方面暗地里交代王俊，粮草不要运得太快，不要给得太足，要整一整岳飞。在运粮途中，王俊遇到金将鹘眼郎君，一言不合，这金将就来抢粮草。眼看王俊就要招架不住，催粮将军牛皋恰好赶到，激战二十回合，杀了鹘眼郎君，取了首级。牛皋接着去别处催粮。王俊到了岳元帅大营，不但冒领牛皋杀败金将的军功，还苛扣军粮，致使数百名军士闹着要退粮。岳元帅令王俊补赔粮草，因王俊是奉旨前来，饶他死罪，捆打四十，发回临安，让秦桧处治。

鹘眼郎君本来是金兀术派去偷袭临安的，这下连人带兵全部阵亡，两军夹击的计划落空，加上连环马甲阵被毁，金兀术的两大计划全部落空，现在就把所有的希望寄托在"铁浮陀"①身上。

不一时，老狼主把"铁浮陀"送到，金兀术听了大喜，立刻传令士兵晚上出动，趁着宋军疏于防范，打他们一个措手不及。说罢，他调兵遣将，一面整备火药，一面暗点人马，专等晚上开炮。

陆文龙听了金兀术的部署，心里着急，连忙找王佐商量。二人决定用箭书，给岳飞送信。眼看天色将晚，陆文龙告别王佐，悄悄出营上马，将近宋营，高叫一声："宋军听着，我有机密箭书，速报元帅，休得迟误！"说罢嗖的一箭射去！随即转马回营。宋营军士听到营外有人吆喝有机密箭书，接着只见一箭射来，他们走过去一看，果然箭头上绑着一封箭书。军士拾得箭书，立刻呈给元帅过目。

元帅看罢吃了一惊："原来金兀术出动了'铁浮陀'，准备夜轰营寨，幸亏书信来得及时，要不然众将士将会有一场血光之灾。"岳元帅先对岳云、张宪吩咐道："你二人带领人马埋伏在'铁浮陀'必经之地两侧，如此这般行事。"二人得令，领兵埋伏去了。

岳元帅又暗令军士通知各路元帅，将各营虚设旗帐，悬羊打鼓；各将本部人马，一齐退往凤凰山去躲避，暂且不提。

到了二更时分，金营中传下号令，将"铁浮陀"一齐推到宋军营前，放出轰天大炮，向宋营中打去。但见烈焰腾空，炮火冲天，山摇地动，鼓角雷鸣。

当时众位元帅在凤凰山上，看见这般光景，无不惊恐，纷纷举手向天祷告道："幸得皇天护佑！若不是陆文龙一封箭书，兀术岂不把宋营人

---

① 铁浮陀：此处指金军造的大炮，当时的大炮依赖我国古代四大发明之一的火药形成威力。

马打成齑粉？也多亏了王佐一条臂膀，救了六七十万人马的性命！"

金兀术和哈迷蚩站在高处观望，只见轰过一阵大炮之后，宋军营地一片火海，顷刻之间化为灰烬。兀术以为大功告成，传令三军回营，天明再去打扫战场。

岳云、张宪率领人马，埋伏在半路，听见大炮经过，先按兵不动。等金兵回营之后，二人在黑暗里从身上取出铁钉，把火炮的火门钉死，又命令军士一齐动手，把"铁浮陀"全部推入小商河内。完成任务之后，他们转马来到凤凰山缴令。等到天明，金兀术才发现宋军毫发无伤，"铁浮陀"被毁，王佐、陆文龙带着乳母投奔宋营。这下只能叹息养虎为患，追悔莫及。

第三十七回　八锤大闹金龙阵

　　却说金营内哈迷蚩来禀告兀术："狼主，我们现在还有回旋的余力。狼主可修书一封给岳飞，就说我们正在摆一个'金龙交尾阵'，需要一个月时间才能摆好，待摆好阵之后，叫他们再来破阵。只要岳飞一进入'金龙交尾阵'，就让他有来无回。"兀术听了，就写好书信，差人来到宋营前，将信一箭射来。元帅收到小兵送来的箭书，看毕，吩咐道："你跟他说，叫他尽管去摆阵，摆好快来通知我们，我们再打阵。"小兵出营大声喝道："你们听好，俺家元帅有令，教你们快快摆阵，练熟了再来，等我们来打。"送信的金兵听了，回营复命。哈迷蚩即将大兵尽数调齐，操演阵势。

　　过了十几天，岳元帅暗想："已经半个多月了，金营不见动静，也不知排的什么阵，这等烦难?"等到晚上，悄悄带了张保出营，来到凤凰山边茂林深处，爬上一株大树顶上偷看金营。果有百十万人马，诈言二百万，摆着两条"长蛇阵"，头并头，尾搭尾，所以名叫"金龙交尾阵"。岳元帅正看得出神，只听得弓弦响，连忙回转头来看时，肩膀上早中了一箭，岳飞大叫一声。

　　张保听见元帅大叫，忙把索子放下，拔出箭头，扯下一幅战袍包好了膀子，将岳飞负在背上。定了一定神，元帅轻轻叫道："张保，扶我上马回营罢!"张保便扶岳飞上了马,慢慢地回至本营。张保扶岳飞至后帐坐定,元帅即将以前牛皋存下的一颗丸药服了,顿时好转了许多。他又吩咐张保:"你悄悄去把戚方叫来。"张保领命来唤戚方。戚方忐忑不安地来到后帐。岳元帅说道:"戚方!兵下洞庭的时候,你违了我的军令,我将你打了几下。没想到,你竟想把我射死。若没有牛皋救我,我都死了两回了!你怎么不想想,要不是本帅以恩义待人,怎能得王佐断臂相助?不要说他别的功劳了,只讲他前日报'铁浮陀'之信,我们去凤凰山避兵,救了咱们所有兄弟们的命。我是主帅,就屈打了你几下,有何大仇?你今日又射本帅一箭。我这里不能留你了,我给你一封书信,你连夜就走,以后就投在后军都督张俊那边罢!若到了天明,恐众将不服,你就难活命了!"戚方无言可答,接了书,叩头谢恩出帐。不料戚方刚出营就被巡夜的牛皋看见了,问他话支支吾吾,行为也鬼鬼祟祟。牛皋一气之下把他一铜打死。

金营中,哈迷蚩已摆完阵,来禀兀术。兀术大喜,立即差人来下战书。岳元帅约定来日决战,一面请各位元帅齐到中军商议。那四位元帅各处人马,合来共有六十万。岳元帅同张元帅带领人马,打左边的"长蛇阵"。韩元帅和刘元帅领兵去打右边的"长蛇阵"。岳飞又命岳云、严成方、何元庆、余化龙、罗延庆、伍尚志、陆文龙、郑怀、张奎、张宪、张立、张用,从中杀来。准备停当。

次日清晨,宋营三声炮响,五路兵马一起出动,岳云、严成方、何元庆首先从中间打进阵中,接着余化龙、罗延庆、伍尚志、陆文龙、郑怀、张奎、张宪、张立、张用等人用六条枪、一枚银剪戟、三条钢铁棍冲进阵来。几人打得金军落花流水,这些人都是岳家军的精英,个个都是豪杰。金营将台上好像看到了中间的混乱,只听得一声号炮,左右两营阵脚走动,将中间围得铁桶似的。

众英雄被围在里面杀了一层又一层,就好像抽刀断水水更流。岳元帅从左边杀入，举起沥泉枪乱挑。马前张保抡动混铁棒，马后王横舞着熟铜棍。后边牛皋、吉青、施全、张显、王贵等众英雄一齐杀入阵来。右边韩元帅手舞长枪，左边大公子韩尚德，右边二公子韩彦直，后边苏胜、苏德等众将一齐杀进。

金营将台上又是一声号炮，金兵从四面八方团团围了上来。那"金龙阵"，原是两条"长蛇阵"化出来的，头尾各有照应，犹如两个剪刀股形一样，一层一层围拢过来。宋军杀了一层，又是一层，四周都是金兵金将，杀不散，打不开。

却说那四位元帅同众将正在阵中厮杀，阵外忽然来了三个少年英雄。其中一位便是狄雷，他原来是金门镇先行官。当年，岳元帅在牛头山追杀金兵时，他将岳元帅误认为金兀术拦下厮杀，过后畏罪潜逃。如今听说金兀术又犯中原，赶来立功赎罪。另一位是岳元帅麾下统制官孟邦杰的妻舅樊成。两人在路上相遇，正在商议一同前往助阵。这时，岳云的结拜兄弟关铃飞马而来。三人商议一同从正中间杀入阵去替岳元帅解围。

真是初生牛犊不畏虎，这三位少年英雄冲进阵去，如入无人之境，锤打枪挑刀砍，十分威风。金兵哪里招架得住，慌忙报上将台道："启禀狼主，有三个小南蛮杀入阵中，十分骁勇，我们快顶不住了。现在他们杀进中心来了。"金兀术正坐在将台上看军师指挥布阵，听了此报，便把号旗交与哈迷蚩，自己提斧下台，跨马迎上来，正遇见关铃等三人。金兀术大喝一声："哪里冒出来的小南蛮？胆敢冲入某家的阵内来？"

关铃喝道："我乃梁山泊大刀关胜爷爷的公子关铃也！你是何人？"金兀术见关铃年纪轻轻，却威风凛凛、相貌堂堂，心中十分喜爱，便叫："某家乃是大金邦昌平王四太子金兀术。我看你小小年纪，却十分骁勇。若肯归顺，某家封你一个王位，永享富贵，岂不更好？"关铃听了笑道："哈哈！原来你就是金兀术！真是踏破铁鞋无觅处，得来全不费工夫。今天是小爷我的时运好，出门就撞见个活宝。快拿头来，送给我去做见面礼!"

金兀术听了,气得暴跳如雷,大骂一声:"你这个不识抬举的小畜生!今天就让你尝尝本王金雀斧的厉害吧!"骂罢抢动金雀斧,当头砍来。关铃举起青龙偃月刀,两人战了十多个回合。狄雷、樊成见和关铃厮杀的是金兀术,心中大喜,二人一杆枪、两柄锤,一齐上前助战。

金兀术一人大战关铃、狄雷、樊成,他虽然勇猛,但好虎架不住一群狼,打了十几个回合,就有点力不从心了。好汉不吃眼前亏,金兀术虚晃一招打马就走。那些金兵见狼主败下阵来,赶紧让开一条道。三位少年英雄随后追来,金兵让开的口子来不及合拢,就只能眼巴巴看着关铃、狄雷、樊成杀进阵中。三人冲进去横冲乱闯,把"金龙交尾阵"冲得七零八落。

阵内四位元帅见金兵阵脚突然散乱,虽不知缘故,但立即指挥众将四处追杀。三位小将分别与岳飞、岳云、孟邦杰等人相见。这时刘倚将军对岳飞道:"元帅少陪了。"说完,他带领本部人马,匆匆杀出阵去了,连岳飞也不知其故。

岳公子银锤摆动,严成方金锤使开,何元庆银锤飞舞,狄雷双锤并举,一起一落,金光闪灿,寒气缤纷!这就叫作"八锤大闹朱仙镇"。打得那些金兵落荒而逃!

兀术大败而逃,一直逃了二十多里地。没想到前队败兵突然喊起来,原来是刘倚将军抄小路到此,将树木钉桩,阻住去路,并将两边埋伏弓弩手。一声梆子响,箭如飞蝗一般射来。兀术传令向左边路上逃走,又走了一二十里,前军又喊起来。原来前面是金牛岭,山峰陡峭,悬崖绝壁无法通行。要想通过只有附藤攀蔓,而如今这众多人马,如何过得?

前方是绝路,后方有追兵,弄得兀术进退两难,心想:"我统领大军六十余万,想夺中原。今日兵败将亡,有什么脸见人!干脆死在这里算了!"大叫一声:"罢!罢!罢!此乃天亡我也!"遂撩衣往石壁上一头撞去。但听得震天一声响,兀术倒于地下。

第三十八回　奸臣弄权惹祸端

金兀术本打算一死了之，谁知道他不但没有撞死，反而出现了奇迹。大概是金兀术命不该绝，只听哗啦一声巨响，那金牛岭的陡峭石壁因为他的怨恨之心尽皆倒下。

金兀术爬上山顶一看，只见先前险峻的山峰变得如同平川，心中大喜，于是跨上马，传令众将一起上岭。那些金兵为了躲避后面的追兵，争先恐后往上爬，因为人多拥挤，上山的速度反而慢了下来。刚刚上得五六千人，忽然一声巨响，那悬崖峭壁依旧竖起。①

兀术在岭上望见山下还有众多人马不得上山，被宋军追击，无路逃生，死得可怜。他思量自进中原以来，所到之处，宋军望风瓦解。不想遇到岳飞，六十余万人马，被他杀得只剩下五六千人！不觉眼中流泪，拔出腰间佩剑欲要自刎。哈迷蚩将他双手紧紧抱住，众将上前夺下佩刀。哈迷蚩叫道："狼主，何必轻生！胜败乃兵家常事。不如暂且回国，重整旗鼓，等到兵强马壮，我们再发兵南下也不迟。"

正说之间，只见对面林子内走出一个人来，书生打扮，飘飘然有神仙气象，上前来见兀术道："四太子在上，敝人这厢有礼了。我看太子一

---

①　此处描写具有一定传说色彩，不一定真实发生。

心想着谋取宋室江山，可是光凭打打杀杀是解决不了问题的。与其向锅中添水，不如灶内无柴。自古以来，权臣在内，大将岂能立功于外？敝人相信，过不了多久，岳飞一定会大祸临头。"

金兀术听了，茅塞顿开，连忙作揖答谢道："承蒙先生指点，不胜感激，请问先生尊姓大名？来日若能实现梦想，也好报答先生深恩。"那人淡淡一笑，转身而去。

哈迷蚩说道："此人一定是老天爷派来给我们指点迷津的。狼主暂且驻扎在此，待臣私入临安，拜访秦桧，让他找机会害了岳飞。只要岳飞一死，大宋天下唾手可得。"金兀术听了大喜，说道："军师此计甚妙，待某家修书一封，与军师带去给秦桧，要他尽量想办法拔掉岳飞这颗眼中钉。"金兀术说罢，取过笔砚，写了一封书函，外用黄蜡包裹，做成一个蜡丸。哈迷蚩回道："狼主不必担心，微臣自会见机而行。"于是藏好书函，辞了兀术，悄悄往临安而去。

哈迷蚩打扮成汴京人模样，悄悄地到了临安。一天，他打听到秦桧和夫人王氏在西湖游玩，便找到湖边来。只见秦桧在苏堤边把船靠着岸，夫妻二人对坐饮酒，赏玩景致。哈迷蚩就高声叫道："卖蜡丸，卖蜡丸！"秦夫人听见，说道："相公，这人好面熟，看上去好像是金兀术的军师哈迷蚩。"秦桧于是吩咐在岸上守候的家将去把卖蜡丸的人带过来。

秦桧问道："你卖的是什么蜡丸？可否医治我的心病？"哈迷蚩道："我的蜡丸非比寻常，它专治心病，且有妙方在蜡丸之内，老爷只要照着方子吃药，包你立刻痊愈；要是延误病情，恐怕难以生效，还是早点医治为好。"秦桧道："既如此，你把丸子留下，我照方服用便可。"而后又叫家人："赏他十两银子去罢。"哈迷蚩会意，谢赏而去。

秦桧将蜡丸剖开一看，里面是兀术亲笔信，上面写着"秦桧负盟，致吾被岳飞杀得大败。若能谋害了岳飞，才是报恩之举。如果将来得了宋朝天下，愿意与汝平分疆界"等。秦桧看完，即将书递与王氏道："四太子要我谋害岳飞，这可怎么办？"

王氏道："你如今一人之下万人之上，只要动动嘴皮子，就能将他除掉。这有何难处？况且上次药酒之事被牛皋识破，来日岳飞灭了金邦，功高盖世，皇上一高兴，给他封王封侯，到时候要想除掉他那就难了。要是岳飞回京之后，查究出药酒之事，那我们一家大小性命难保。为今之计，不如慢发粮草，只说今日欲与金国议和，且召他收兵，暂回朱仙镇养马。然后再寻一计，将他父子害了，岂不为美？"秦桧听了大喜："夫人言之有理。"遂命罢宴开船，上岸回府。

再说岳飞与各位元帅在营中商议调兵养马，准备直捣黄龙迎回二圣。但粮草却迟迟不到，不知是何原因。正准备叫人催粮，早日进攻，忽然接到圣旨，却是召岳飞暂回朱仙镇歇息养马，待秋收粮足，再议发兵。当下韩元帅说道："大元帅以少胜多，打败了六十余万金兵，多不容易。现在成功就在眼前，朝廷却不发兵粮，反召元帅带兵回朱仙镇。这必是朝中出了奸臣，怕大元帅立功。元帅，请你自己好好考虑考虑，不要让将士们寒心。"

岳元帅说道："自古君命难违，要是为了贪功，逆了圣旨，怪罪下来可怎么办？"刘元帅说道："元帅此言差矣。俗话说'将在外，君命有所不受'。现在金人锐气已失，我军士气正旺，恢复中原，指日可待。依刘某愚见，不如一面催粮，一面发兵直抵黄龙府，灭了金邦，迎回二圣再做道理。只要我们灭了金邦回朝，皇上一定会龙颜大悦，到时候，不但无过，而且是大功一件，岂不是两全其美？"岳元帅听了说道："众位元帅有所不知，我娘在背上刺了'精忠报国'四个大字，希望我一生只图尽忠报国。既然是朝廷圣旨，我一定得遵旨，哪管他奸臣弄权？"于是传令拔寨起营。一声炮响，十三处人马分作五队，浩浩荡荡回转朱仙镇，依旧地扎下十三座营头，各自操练兵马，专待秋收后进兵。

第三十九回 十二道金牌召回岳飞

　　为提防秦桧暗箭伤人，岳元帅唤过岳云，暗暗吩咐道："现在朝中奸臣当道，提倡议和，皇上听信谗言，只图偏安一隅。不知将来如何？你不如和张宪一起回家看望母亲，顺便教兄弟一些武艺。倘若日后朝廷用兵，我再另行通知你。"二人领命，拜别了岳飞，又与关铃作别，一同归乡去了。

　　送走了岳云、张宪，岳元帅心里稍微安定了一点。他想起张保、王横这些年来一直不离他左右，要是将来有一天他真的出事了，那张保、王横该去哪里？这一日，岳元帅同众元帅坐在一起议论朝中暂停北伐之事，提起张保，岳元帅对众元帅说道："张保本是李太师的家丁，送与我做个伙伴，想要寻个出身。他随我数年苦战，元帅们也知道他的功劳。今蒙圣恩，特许我在军中行使封官罢职的权力，本帅想让他到汴梁去做个总兵，不知各位元帅有何见解？"众元帅说道："张将军实在不知立了多少大功，莫说总兵，官职再大些也该。"岳元帅便取过一道札付，填了姓名，对张保道："你可回去领了家小，一齐上任。"张保说道："小人不愿为官，情愿跟随元帅出生入死。"岳元帅说道："人生在世，须图个出身，方是男子汉。你去吧，不必多言！"张保见岳元帅主意已定，只得点头答应，说道："既然元帅要小人去，小人这就去试试，要是做不了总兵，小人还是要回来追随元帅的，请元帅答应。"岳元帅说道："只要你尽心保国，有何做不来之事？"张保含泪拜别岳元帅及众位元帅，出营径直去了。

岳飞又叫声："王横。"王横跪下道："元帅有何吩咐？"岳爷道："我想叫你也去做个总兵，你意下如何？"王横连忙叩头禀道："哎呀！小人是个粗人，只晓得跟随大老爷过日子，不晓得做什么总兵总将的。若非让小人去做官，不如在老爷跟前自尽了好！"岳爷道："既然如此，便罢了！"王横谢了元帅，起身走到一边。众元帅道："难得元帅手下都是忠义之人，所以兀术连吃败仗。"

正在这时，忽报圣旨又到。却是命岳元帅在朱仙镇屯田养马；众元帅节度且暂回本汛，候粮足听调。于是，韩元帅、张元帅、刘元帅与各镇总兵、节度使齐到大营，与岳元帅作别，俱拔寨起身，各回本汛去了。

岳元帅在朱仙镇上终日操兵练将，又让军士耕种米麦，专等圣旨北上伐金。不料秦桧主张议和，命使者多次前往金国，终无成议，眼看腊尽春残，将到秋收之际。一日，岳飞闲坐帐中，观看兵书，忽报圣旨下。岳飞连忙接旨，却是因和议已成，召岳飞回兵进京，加封官职。岳飞回到营中，心知此行凶多吉少，就安排好营中事务，不顾众将劝阻，决定启程。

正说着，又有宫中内使揣着金牌，来催元帅起身。不一会儿，竟然一连接到十二道金牌。岳爷走进帐中，唤过施全、牛皋二人，吩咐二人暂管帅印，要遵守军法，不可纵兵扰民，再点四名家将连同王横起身出发。

众统制和一众军士齐出大营跪送。岳飞正要上马出发，朱仙镇上的居民一路携老挈幼，头顶香盘，挨挨挤挤，众口同声攀留元帅，哭声震地。岳飞挥泪对着众百姓道："尔等不可如此！圣上连发十二道金牌召我，我怎敢抗违君命！我不久还会回来，扫清金兵，大家就能安居乐业了。"百姓悲悲楚楚，只得放条路让岳飞过去。众将俱洒泪作别，直待看不见岳飞，方各回营。

岳元帅和王横带着四名家将离开朱仙镇，向临安进发。一日，来到了瓜洲，驿官将一行人迎接到官厅，因扬子江中风狂浪大，只能在驿中安歇。等来日风停了，再准备船只过江。岳飞心中有事，躺在床上不由得心神恍惚。起身开门，只见眼前一片荒郊，朦胧的月光洒在荒郊，阴气袭人。再走向前去，两只大黑狗面对面蹲着说话。又见两个人赤膊立在旁边。岳飞正在奇怪，忽然扬子江中狂风大作，白浪滔天，江中钻出一个怪物，似龙非龙，向着岳飞扑来。岳飞猛地惊醒，才知道这是一个噩梦，他惊出一身冷汗，暗想："此梦好生蹊跷！记得韩元帅说，附近金山寺内有个道悦和尚，能知过去未来。待我明日去访访他，请他解梦。"

到了天明，岳飞吩咐王横备办了香纸等物，下船过江，来到金山脚下。岳飞带着王横信步上山，来到金山寺大殿上，祷告已毕。转到方丈门口，只听得方丈口中朗然吟道："苦海茫茫未有涯，东君何必恋尘埃？不如早觅回头岸，免却风波一旦灾！"

岳元帅听了，暗暗想道："这和尚果然有道行，劝我修行。但他哪里知道我有国家大事在心，怎么能丢掉？"正想着，只见里边走出一个小和尚，说道："家师请元帅相见。"岳飞随着小和尚进去与道悦和尚相见。元帅叹道："昔年在沥泉山参见大师，您曾说二十年后还会相见，没想到果然如此！下官昨夜在驿中做了一个奇怪的梦，未卜吉凶，特求大师点拨！"岳元帅说罢，便将梦中之事一五一十说了一遍。道悦说道："两犬对言，岂不是个'狱'字？旁立赤膊两人，必是因你而受其祸的人。江中风浪，涌出怪物来扑者，说明你有风波之险。元帅此行，恐有牢狱之灾、奸人陷害之事，切宜谨慎！"岳元帅问道："我为国家南征北讨，东荡西除，立下了多少大功，朝廷自然封赏，哪有什么牢狱之灾？"道悦睁开眼淡淡说道："元帅虽如此说，岂不闻'飞鸟尽，良弓藏；狡兔死，走狗烹'？从来患难可同，安乐难共。不如退隐山林，远离尘埃，这样或许可以明哲保身。此乃上上之策，请元帅三思而后行。"岳元帅听了说道："承蒙大师指引，这的确是一条光明大道。但我岳飞一出世就以身许国，立志恢复中原，即使是一条不归路，我也得走下去，虽死无悔。大师不必再劝；岳飞就此告辞。"岳飞说罢告辞而出。

道悦一路送出山门，口中念着四句诗：风波亭上浪滔滔，千万留心把舵牢。谨避同舟生恶意，将人推落在波涛。岳元帅听了低头不语，一路走出山门。老和尚长叹一声说道："唉——元帅心坚如铁，山僧无缘救度。还有几句偈言奉赠，元帅须牢记在心，切勿乱了主意！"岳元帅说道："大师请赐教，岳某自当谨记。"老和尚说道："岁底不足，提防天哭。奉下两点，将人荼毒。老柑腾挪，缠人奈何？切切把舵，留意风波！"岳元帅听了说道："岳飞愚昧，一时不解其意，求上人明示！"老和尚说道："此乃天机，天机不可泄露。"

第四十回　落入贼手遭酷刑

岳元帅辞别了禅师，出了寺门，来到山下，四个家将把岳元帅迎上船，吩咐艄公解缆起锚。岳元帅立在船头上观看江景，忽然江中风浪大作，黑雾漫天。黑雾中涌出一个怪物，似龙无角，似鱼无鳃，张开血盆大口，把毒雾往船上喷来。岳元帅连忙取过沥泉枪来，朝着怪物一枪戳去。那怪物不慌不忙，卷起狂风，将沥泉枪卷走，后钻入水底，霎时风平浪息。岳爷仰天长叹道："原来是这等风波，把我神枪夺去！可惜，可惜！"

走了两三天，到了平江。锦衣卫指挥冯忠、冯孝，带领校尉二十名，拿着圣旨在此等候。岳飞听得有圣旨，慌忙下马俯伏。冯忠、冯孝即将圣旨开读道：岳飞官封显职，不思报国；反按兵不动，克减军粮，纵兵抢夺，有负君恩。着锦衣卫扭解来京，候旨定夺。钦此！

王横一听大怒，双眼圆睁，双眉倒竖，抢起熟铜棍，大喝一声："住手！俺就是马后王横！俺随元帅征战多年，别的功劳先不说，就说现在，朱仙镇上六十余万金兵，就是我们舍命征战，杀得他片甲不留。你们怎么反要捉拿俺帅爷？哪个敢动手的，先吃我一棍！"

岳飞道："王横！此乃朝廷旨意，你不要啰唆，陷我于不忠！罢了，倒不如自刎，以表我之心迹！"随即，从腰间拔出宝剑想要自刎。四个家将慌了，一齐上前抱住，夺下宝剑。王横跪下哭道："老爷难道任凭他们捉拿不成？"冯忠见此光景，随提起腰刀来砍王横。王横正待起身，岳爷喝一声："王横，不许动手！"王横再跪下来，已被冯忠一刀砍在头上，众校尉一齐上来动手。可怜王横半世豪杰，却被乱刀砍死！

却说那四个家将见情况不好，骑着岳飞的马，拾了铜棍，带了宝剑，趁乱逃走。岳飞止不住涕泪交流，念在王横曾为朝廷出力的分上，请冯忠备棺盛殓。冯忠应允。又让岳飞上了囚车，解往临安，到了城中，暗暗送往大理寺狱中监禁。

次日，秦桧传了一道假旨，命大理寺正卿周三畏审问岳飞。周三畏将岳飞带到堂上，问道："岳飞，你官居显爵，不思发兵扫北，以报国恩，反按兵不动，坐观成败，又且克减军粮，你有何辩？"岳飞道："周大人此言差矣！若说按兵不动，犯官大败金兵六十余万，正准备挥师北上，直捣黄龙府，迎回二圣。谁知突然接到圣旨，要我率部回朱仙镇养马。现有元帅韩世忠、张信、刘倚等可以作证。"周三畏道："这按兵不动，被你说过了，那克减军粮之事是有的了，还有何说？"岳爷道："岳飞一生爱惜军士，如父子一般，故人人效命。克了何人之粮，减了何人之草，也要有人指实。"周三畏道："现在你手下军官王俊告帖在此，说你克减了他的口粮。"岳飞听了大怒道："朱仙镇上共有十三座大营，有三十余万人马，何独克减了王俊名下之粮？这王俊唆使手下克扣军士口粮，被我开除回来，没想到他竟然反咬一口，足见其险恶用心，望周大人详察！"周三畏听了，心中暗暗想道："这桩事明明是秦桧这奸贼设计陷害他。我如今身为大理寺正卿，岂肯滥用私刑屈打成招？岳飞的为人我最清楚，他怎么会是那样的人？"就对岳飞说："岳元帅既然无罪，暂且委屈在狱中候着，待下官奏过圣上，候旨定夺。"岳飞谢过周三畏，随着狱卒一起去了狱中。

那周三畏回到家中，闷闷不悦，不肯昧着良心加害岳飞，就暗暗吩附家眷，收拾行囊细软。趁着半夜，带着心腹家人，弃官而逃。

秦桧得知后大怒，下令缉拿周三畏。又吩咐把万俟卨、罗汝楫请到家中。这两个人都是秦桧的走狗。秦桧说道："老夫昨天让大理寺周三畏审问岳飞，不想那厮弃官逃走。老夫明日上奏圣上，令你二人勘问此案。必须严刑拷打，坐实他的罪名，害了他的性命！若办成此事，另有升赏。不可违了老夫之言！"二人齐声道："太师爷的命令怎敢不遵？包在我二人身上。争取早日送岳飞上路。"秦桧就让万俟卨升做大理寺正卿、罗汝楫做了大理寺丞。

过了一日，万、罗二人就狱中审问岳飞。罗汝楫道："现在你部下军官王俊告你按兵不举，虚运粮草，诈称无粮。"岳飞道："朱仙镇上现有十三座大营，三十万人马，每天消费多少？你们算过这笔账么？怎说军中无粮？这纯属子虚乌有，是有人故意加害于岳某，岳某问心无愧。"万俟卨说道："岳飞，就算军中无粮。你为什么见了本官不下跪？"岳飞说道："我是统兵都元帅，怎么反来跪你？"那二贼没办法，只能请过圣旨，供在中间，岳飞才肯跪下。二人又审道："岳飞，你快快将按兵不举，私通外国的情由招上来。"岳飞道："胡说！别的罪名还好，怎可用叛逆的罪来冤枉我！"二贼说道："既不招，叫左右先与我打四十！"可怜岳元帅被打得鲜血迸流，昏死过去复醒，就是不肯招认。二贼又将岳飞拷问一番，用檀木夹住手指，命人用木头敲打，打得岳飞头发散开，就地打滚，指骨尽碎！岳飞只是呼天捶胸，哪里肯招。二贼只得命狱卒将岳飞带去收监，明日再审。

二贼退回私宅，商议一番，弄出了一些新刑法来，叫作"披麻问""剥皮拷"。次日，又带岳飞出来审问。万俟卨说道："岳飞！你好好将按兵不动、意图谋反的罪名快快招来，免受刑法。"岳爷道："我一生立志恢复中原，雪国之耻。我本在朱仙镇上同着韩、张、刘众元帅，力扫金兵六十余万，正要进兵燕山，直捣黄龙，迎取二圣还朝。没想到朝中十二道金牌召我回来。哪有按兵不动之事？十三座营头，三十多万人马，若有克减军粮，怎能够安然如堵？岳飞一点忠心，唯天可表！叫我招出什么来？"

万、罗二贼大怒，让狱卒将岳飞衣服脱了，把鱼胶敷上一层，将麻皮搭上。一时间，岳飞身上搭上好几处被粘住的麻皮，二贼又问："岳飞，招还是不招？"岳飞道："你这狗贼，今日欲陷我于死地。我死后必为厉鬼，杀你二贼！"二贼大怒，吩咐左右："与我扯！"左右一声答应，就把麻皮一扯，把岳飞连皮揭去了一块。岳飞霎时晕了过去。左右连忙用水来喷醒。万俟卨又叫："岳飞，你若不招，叫左右再扯。"岳爷大声叫道："罢罢！我如今就死了也就死了！我儿岳云，还有张宪，可不要坏了我一世忠名！"那二贼听见此言，担心两个小将前来复仇，直吓得汗流浃背。

二贼假意说想保住元帅，劝岳元帅给岳云、张宪写一封信，让他们到京城来，上诉冤情。岳元帅随即写了一封家书，交与万俟卨。万俟卨吩咐仍将岳飞送进狱中。

第四十一回　英雄魂归风波亭

万、罗二贼将岳飞审问的情况汇报给秦桧，秦桧把岳飞写给岳云、张宪的信换掉，只说叫他们来临安，加封官职，意图借此哄骗岳公子、张宪前来，一网打尽。

汴梁总兵张保得知岳元帅被圣旨召回，只觉得心惊肉跳。于是将总兵印挂在梁上，悄悄赶往汤阴帅府，听说岳云、张宪也被圣旨召回，随即又马不停蹄，往临安赶去。

张保到了临安，得知秦桧陷害岳飞，又将岳云、张宪骗到这里，将几人一齐下在大理寺狱中。于是，他通过狱卒倪完来到监房，想要救三人出去。岳飞道："张保！你随我多年，难道不知我的心迹！如果我要出去，必须朝廷圣旨下来才行。你也无需多言。快些出去，不要害了这位倪恩公！"张保就将酒饭送上去，岳飞喝了一杯酒，叫张保快些出去。

张保又对岳云、张宪说道："二位爷！难道你们也不想出去了么？"二人道："为臣尽忠，为子尽孝，我二人怎能出去！"张保上前跪下对岳飞说道："张保向蒙老爷抬举，如今却不能服侍得老爷终始。小人虽是个愚蠢之人，难道不如王横么？今日何忍见老爷公子受屈！不如先去阴间，等候老爷来了再服侍！"说罢站起来，一头往墙壁上撞去，只听得一声响，张保头颅已碎。岳云、张宪看到张保这惨烈的一幕，顿时悲痛欲绝。

倪完见了这场面，也不由得暗暗赞叹张保的忠义之心。只有岳飞看到张保惨死，哈哈大笑道："好张保，好张保！死得其所，死得壮烈！"狱卒倪完见状愕然。岳飞说道："恩公你有所不知，我们'忠、孝、节'已经有了，唯独缺少个'义'字。张保今日一死，岂不是'忠、孝、节、义'四字俱全了？"说罢，放声大哭起来，众人无不下泪。

且说秦桧命万俟卨、罗汝楫两个奸贼，终日用极刑拷打岳飞父子和张宪，用尽酷刑，三人仍然没有招供。转眼过了两月，依然毫无岳飞犯罪的把柄。到了腊月二十九日，秦桧同夫人王氏正在烤火饮酒，忽有家丁送来一封书信。秦桧看了眉头紧锁，满面愁容。夫人王氏问道："官人看的是什么书函？为何愁眉不展？"秦桧把信递给她，说道："我假传圣旨将岳飞父子关进监牢，派心腹万俟卨、罗汝楫二人严刑拷打，威逼他们供认反叛之罪，可是一连两个月过去了，所有的刑具都用上了，岳飞父子和张宪还是不肯招供，现在民间都在传岳飞父子是被冤屈的消息，想联合起来上万民表。要是这个消息传到皇上耳朵里，那我岂不有性命之忧？要是轻易将他们放了，那我岂不白忙活一场？我怎么向四太子交差？因此心里烦闷。"

王氏听了，接过信看了看，随即用炭灰在地上写了七个字："缚虎容易纵虎难。"秦桧看了点点头说道："夫人之言，言之有理，看来现在骑虎难下，只有采取非常手段。"秦桧说罢将地上的字迹抹掉。

二人正说之间，万俟卨送来黄柑给秦桧解酒。王氏问道："相公可知这黄柑有何用处？"秦桧说道："这黄柑最大的好处就是能驱散火毒，可叫丫环剖来下酒。"王氏说道："不要剖坏了！这个黄柑，乃是杀岳飞的刽子手！"秦桧问道："如何说柑子是刽子手？"王氏笑说道："相公可将这柑子里面掏空了，写一张小纸头藏在里边，叫人转送与万俟卨，教他今夜将他三个就在风波亭结果了！一桩事就完结了。"秦桧听了大喜，就写了一封书，叫丫环将黄柑的瓤去干净了，将纸条放在里面，封好了口，叫内堂家丁交与徐宁，送与万俟卨。

再说这时候万俟卨已将岳云、张宪关在另一间监牢，使他们三人不能见面。到了除夕之夜，岳元帅正在狱中，忽然外面传来沙沙的声音，下起了雨。岳元帅大惊道："果然下雨了！天意！天意！恐怕我今晚性命不保。"他心想："这不就是应了道悦禅师的几句偈言'岁底不足，提防天哭。奉下两点，将人荼毒。'今日是腊月二十九，就是'岁底不足'，恰恰下起雨来，岂不是'天哭'么？'奉'下加两点，岂不是个'秦'字？'将人荼毒'，正是要荼毒我了！后四句是'老柑腾挪，缠人奈何？切切把舵，留意风波！'，大约是他们要杀我的手法和地点。"正思量间，忽然狱卒走来，说接到圣旨，要带岳飞去风波亭。岳飞听了叹息道："风波亭？我命休矣！当初老禅师要我'留意风波'，没想到都应验了。"

狱卒倪完知道了，想要拼死帮岳飞和岳云、张宪将军一起逃走。岳飞说道："恩公的好意岳飞心领了。我岳飞一心忠君报国，怎能做出大逆不道的事情来。君要臣死，臣不得不死。我死了不要紧，只恐怕岳云、张宪心里不服，起来造反，那就毁了我一世忠名。有劳恩公把他们俩叫来，我自有办法处置。"倪完将岳云、张宪两人带来，岳飞对他们说道："朝廷旨意已到，吉凶未卜，我现在把你们绑起来，然后我们三人一起去风波亭接旨。"岳飞说罢，亲自动手，将他们二人绑了起来，然后命令倪完把自己也绑起来。

岳云问道："爹爹，我们犯了什么罪？为什么要把我们绑起来去接旨？"岳飞说道："不要问那么多，到了就知道怎么回事了。"岳云、张宪大声说道："我们杀敌报国，战功无数，奸贼反而要害了我们的性命，我们为何不打出去？"岳飞大声喝道："休要胡言乱语，大丈夫视死如归，为何害怕死亡呢？"说罢大步流星走到风波亭去。

风波亭上，阴风惨惨，岳飞父子和张宪被捆绑在柱子之上，两边狱卒不由分说，拿起麻绳将岳飞父子和张宪三人活活勒死于亭上。三位英雄就这样被秦桧以"莫须有"的谋反罪名害死。三人归天之时，忽然狂风大作，灯火皆灭。黑雾漫天，飞沙走石。

宋朝自高宗赵构做了天子，偏安一隅，不思中兴。秦桧按照高宗的旨意主持和议，误了抗金大计。君臣忘记国仇家恨，骄奢淫逸，为后世指责唾骂。秦桧死后，秦府没落，江南百姓恨他入骨，于是凑钱把谋害岳飞的几个首恶元凶秦桧、王氏、张俊、万俟卨铸成铁像，跪在岳飞坟前面。

从此去杭州西湖的人，无论男女老少，看见这几个人，都会指着铁像指责唾骂，并用砖石乱打。等到铁像年久残毁，大家凑钱又铸新的，永世不忘岳飞的爱国与冤屈。

坟前还有一副对联：

"青山有幸埋忠骨，白铁无辜铸佞臣。"

这一切，都说明了中华民族重视气节、痛恨奸佞、崇拜英雄的文化基因。

岳飞诗词合集

在我们的印象中，岳飞是一个能征善战的大将军。殊不知，除了卓越的军事才能，岳飞还颇有文采，写过许多诗词。他的诗词作品大多数饱含爱国情怀，充满了赶走金兵、收复失地的渴望。现在，我们一起来读一读吧！

归赴行在过上竺寺偶题

强胡犯金阙，驻跸大江南。
一帝双魂杳，孤臣百战酣。
兵威空朔漠，法力伏瞿昙。
恢复山河日，捐躯分亦甘。

送轸上人之庐山

何处高人云路迷，相逢忽荐目前机。
偶看菜叶随流水，知有茅茨在翠微。
琐细夜谈皆可听，烟霏秋雨欲同归。
翛然又向诸方去，无数山供玉尘挥。

送紫岩张先生北伐

号令风霆迅，天声动北陬。

长驱渡河洛，直捣向燕幽。

马蹀阏氏血，旗枭可汗头。

归来报明主，恢复旧神州。

题翠岩寺

秋风江上驻王师，暂向云山蹑翠微。

忠义必期清耳水，功名直欲镇边圻。

山林啸聚何劳取，沙漠群凶定破机。

行复三关迎二圣，金酋席卷尽擒归。

过张溪赠张完

无心买酒谒青春，对镜空嗟白发新。

花下少年应笑我，垂垂羸马访高人。

满江红·登黄鹤楼有感

遥望中原，荒烟外、许多城郭。想当年、花遮柳护，凤楼龙阁。万岁山前珠翠绕，蓬壶殿里笙歌作。到而今、铁骑满郊畿，风尘恶。

兵安在？膏锋锷。民安在？填沟壑。叹江山如故，千村寥落。何日请缨提锐旅，一鞭直渡清河洛。却归来、再续汉阳游，骑黄鹤。

满江红·写怀

怒发冲冠，凭栏处、潇潇雨歇。抬望眼，仰天长啸，壮怀激烈。三十功名尘与土，八千里路云和月。莫等闲，白了少年头，空悲切！

靖康耻，犹未雪。臣子恨，何时灭！驾长车，踏破贺兰山缺。壮志饥餐胡虏肉，笑谈渴饮匈奴血。待从头、收拾旧山河，朝天阙。

小重山·昨夜寒蛩不住鸣

昨夜寒蛩不住鸣。惊回千里梦，已三更。起来独自绕阶行。人悄悄，帘外月胧明。

白首为功名。旧山松竹老，阻归程。欲将心事付瑶琴。知音少，弦断有谁听？